STEM+
活动设计与体验

CURRICULUM
DESIGN & EXPERIENCE

▶▶▶ （入门进阶1）
第一册

上海教育出版社
SHANGHAI EDUCATIONAL
PUBLISHING HOUSE

《跨学科活动设计与体验》科技系列丛书
指导委员会

主　　任：郑允华
副 主 任：郑思晨　周建中
委　　员：陈　杨　戴　剑　钱利群

本书编写组

主　　编：沈文捷
副 主 编：张　倩　朱华锋　吴月萍
插　　图：肖　湉　刘郅雄

目录

第一周	03
第二周	06
第三周	09
第四周	11
第五周	14
第六周	16
第七周	19
第八周	22
第九周	25
第十周	27
第十一周	29
第十二周	31
第十三周	33
第十四周	35
第十五周	37

第一周

画一画

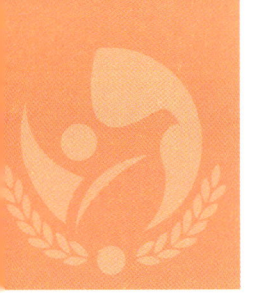

一起套圈圈，想一想，要套几个？请画出来。

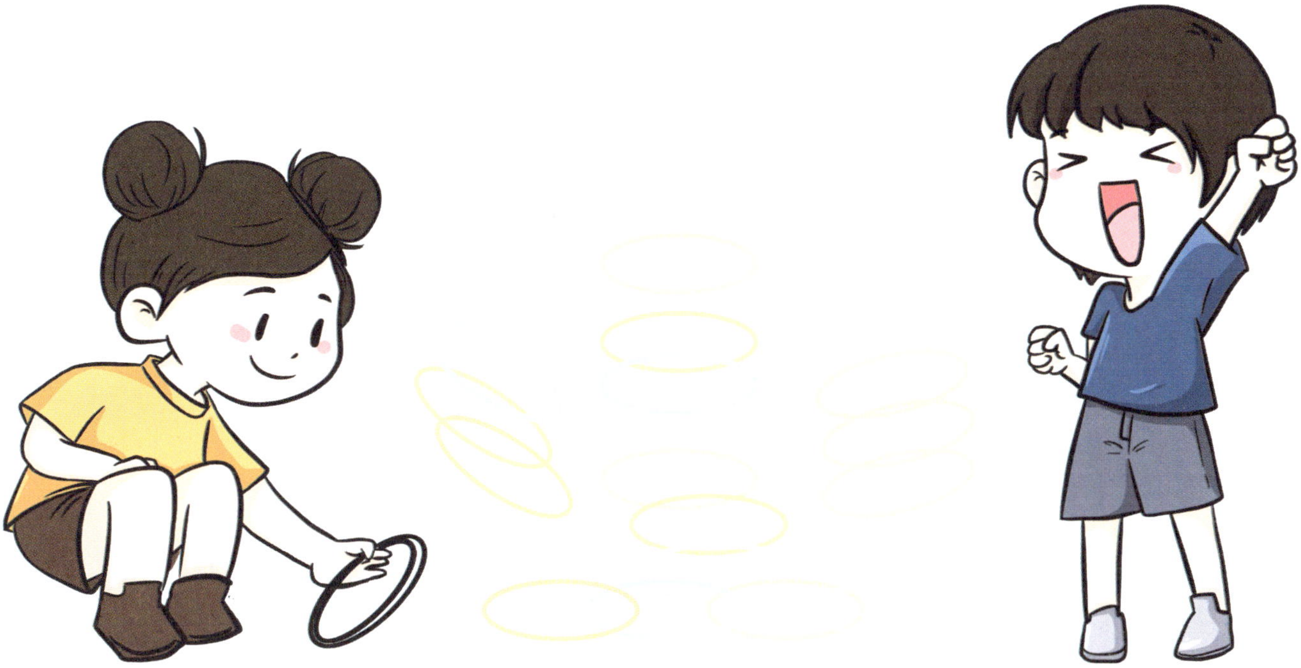

6	3	2	4	1	5

拓展一

请按照第一排中数字把下列相应数量的树叶圈出来。

| 6 | 7 | 8 | 9 | 10 |

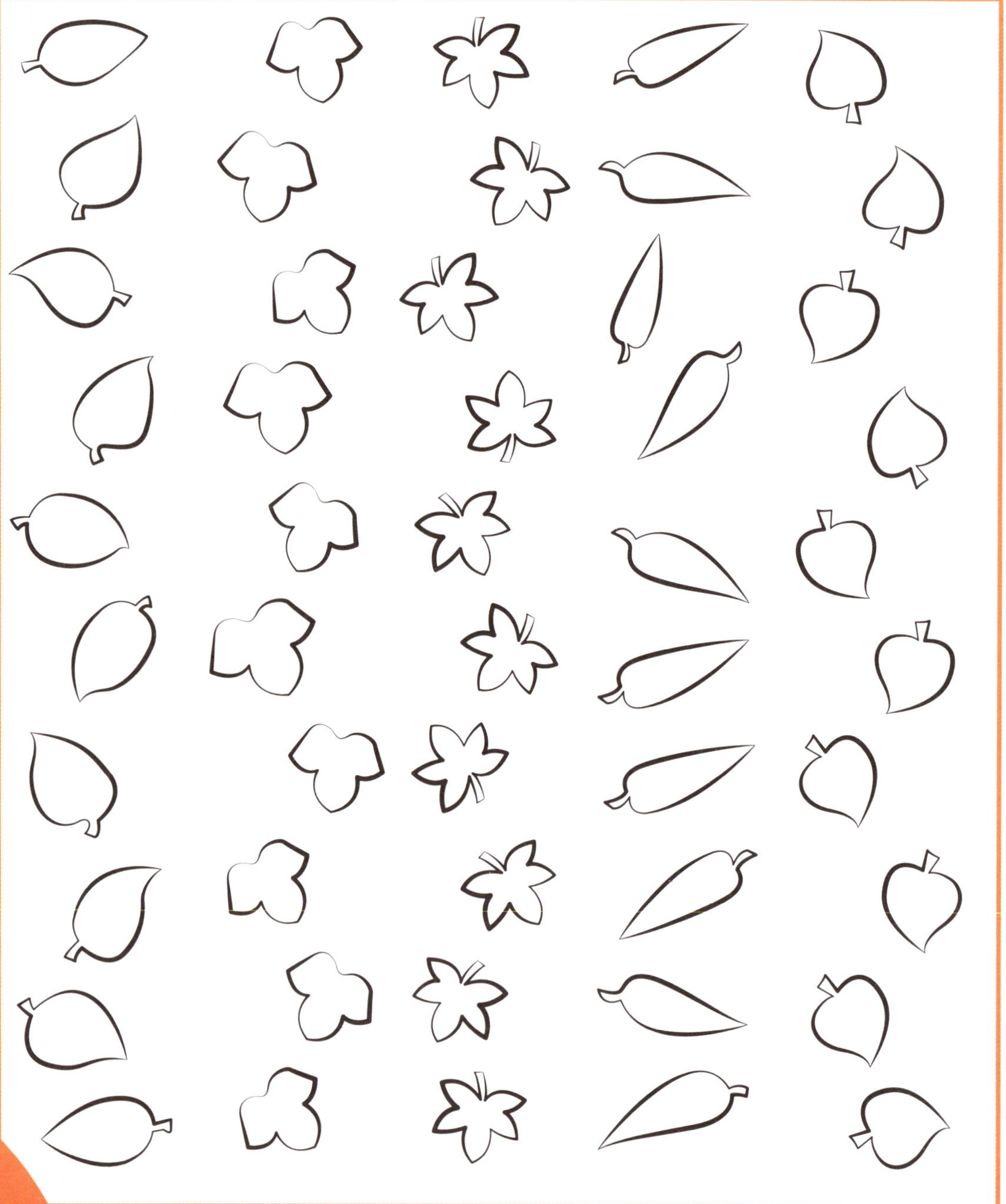

 圈一圈

请按照左图中数字把右图中相应数量的蔬菜圈出来。

5	（8个番茄）
6	（8个黄瓜）
7	（8个茄子）
8	（9棵白菜）

 评价表

	你真棒	有进步	要加油
认知掌握			
乐于表达			
主动思考			
独立完成			

第二周

圈一圈

数一数，鱼缸里有几条鱼或小蝌蚪？并把与它们相应的数字圈出来。

（ 5 · 6 · 7 ）

（ 6 · 7 · 8 ）
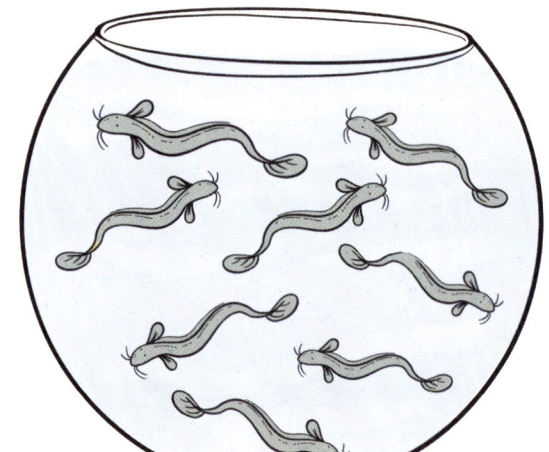

（ 7 · 8 · 9 ）

（ 8 · 9 · 10 ）

圈一圈

数一数有几只昆虫，并把相应的数字圈出来。

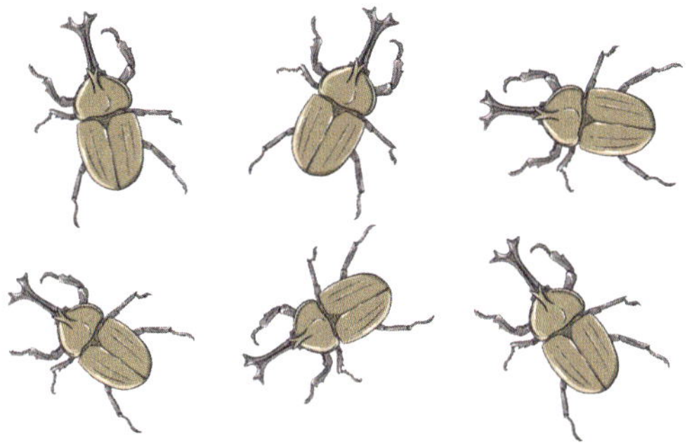

（6 · 7 · 8 · 9 · 10）

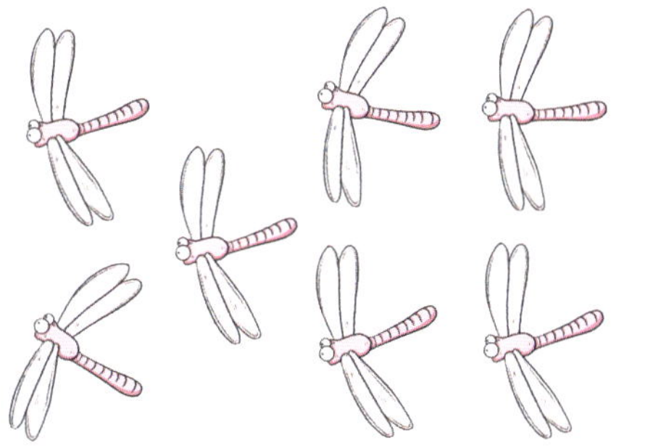

（6 · 7 · 8 · 9 · 10）

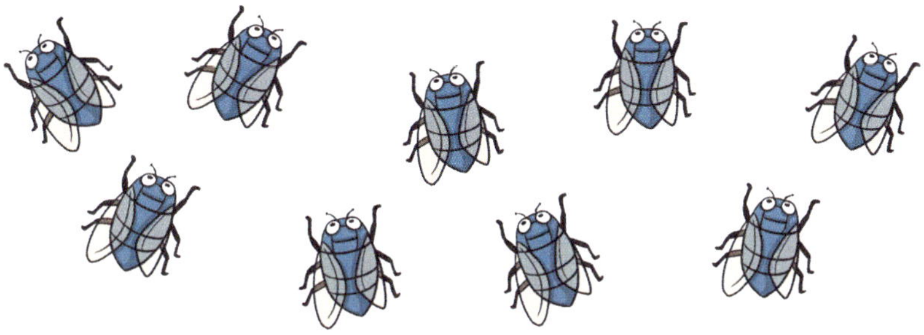

（6 · 7 · 8 · 9 · 10）

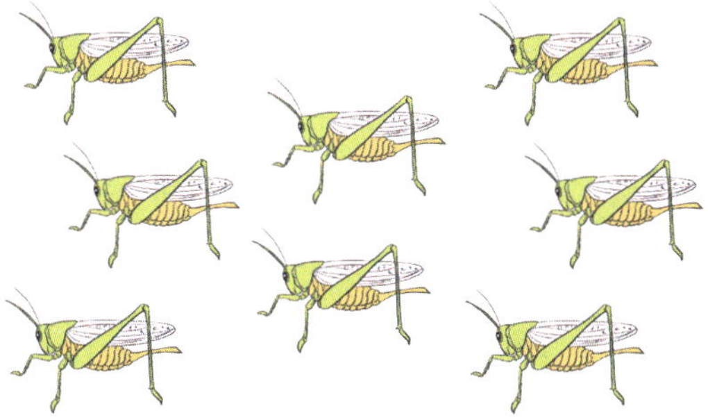

（6 · 7 · 8 · 9 · 10）

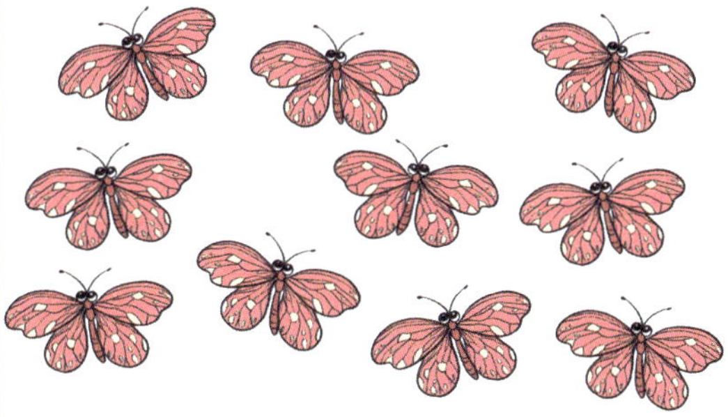

（6 · 7 · 8 · 9 · 10）

拓展二

连一连

数一数有多少动物,并把它与相应的数字连起来。

· 5

· 6

· 7

· 8

· 9

· 10

评价表

	你真棒	有进步	要加油
认知掌握			
乐于表达			
主动思考			
独立完成			

第三周

数一数

数一数,哪个多?哪个少?请在多的下面打"√"。

拓展三

比一比

在4个并排的方格中，找出数目最多的，并在下面打"√"。

评价表

	你真棒	有进步	要加油
认知掌握			
乐于表达			
主动思考			
独立完成			

第四周

数一数

在下面两个并排的图片中,在数目少的下面画"○"。

拓展四

比一比

在3个并排的方格中，找出数目最少的，在下面画"○"。

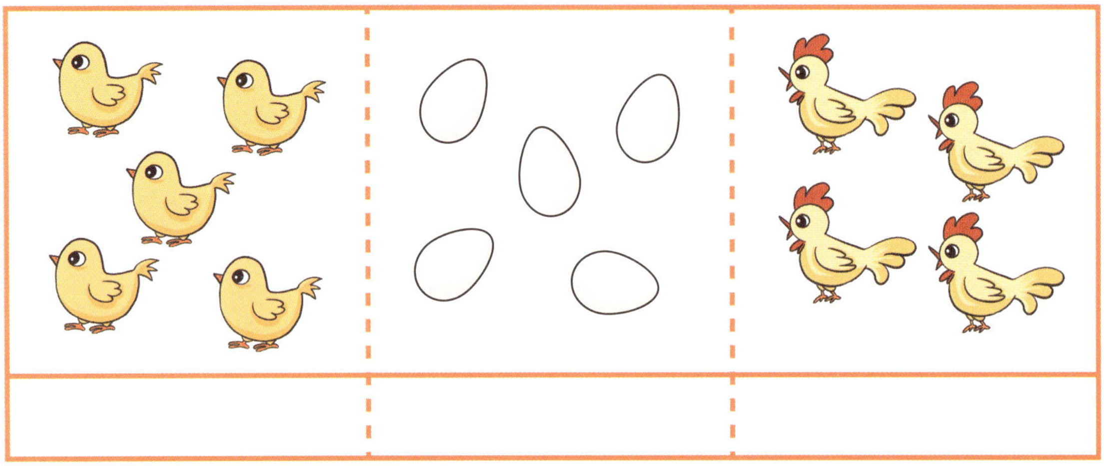

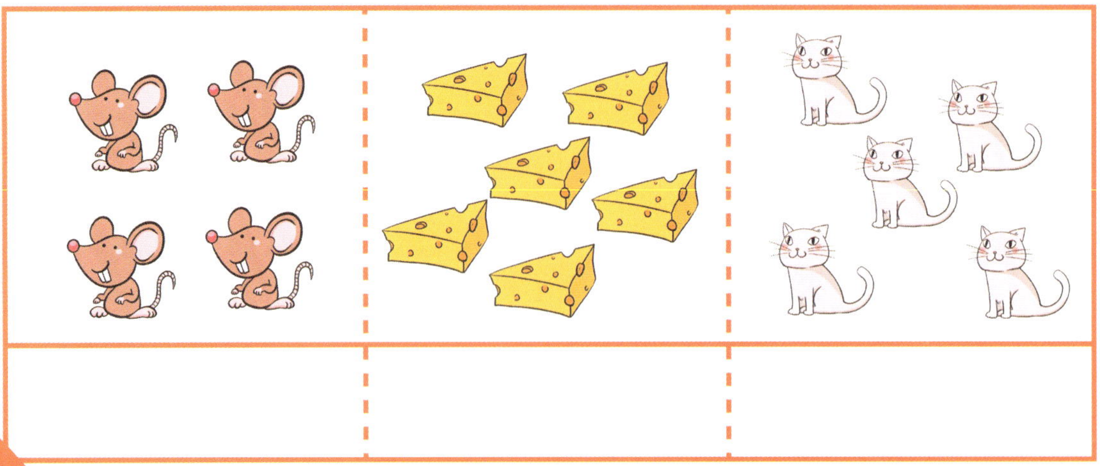

在4个并排的方格中，找出数目最少的，在下面画"○"。

评价表

	你真棒	有进步	要加油
认知掌握			
乐于表达			
主动思考			
独立完成			

第五周

圈一圈

请圈出下列各组图片中不同类的。

找一找

在右图中，把与左图同类的圈出来。

	你真棒	有进步	要加油
认知掌握			
乐于表达			
主动思考			
独立完成			

第六周

找一找

给每排图片中与左侧同类的打"√"。

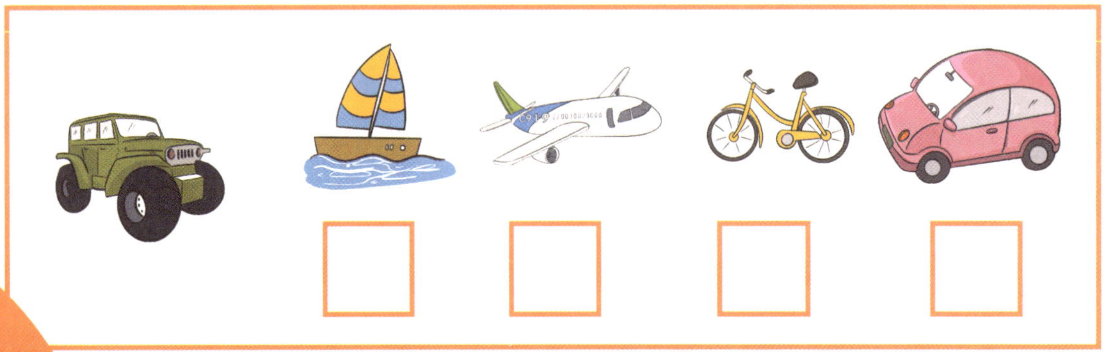

 找一找

给每排图片中不同类的在方框中打"√"。

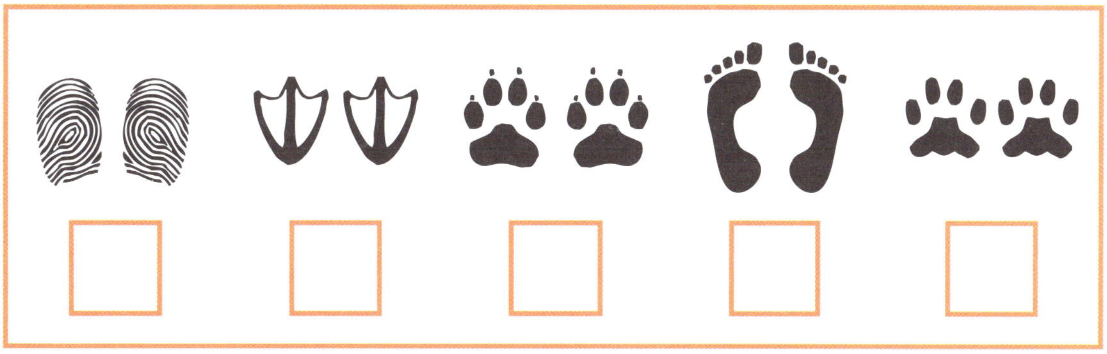

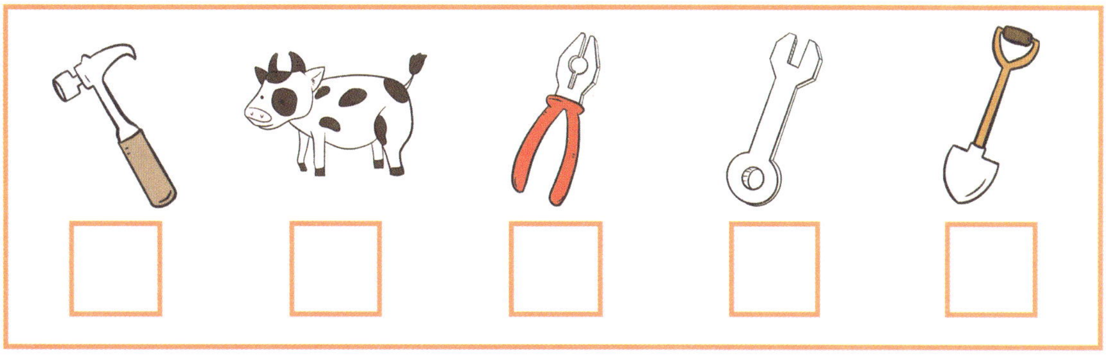

扩展六

圈一圈

把同类物品圈出来。

评价表

	你真棒	有进步	要加油
认知掌握			
乐于表达			
主动思考			
独立完成			

第七周

圈一圈

请仔细观察左图阴影中藏着哪几样物品,把它们从右图中圈出来。

拓展七

连一连

仔细观察，把小动物和它们的影子用线段连接起来。

评价表

	你真棒	有进步	要加油
认知掌握			
乐于表达			
主动思考			
独立完成			

第八周

拼一拼

左侧方块中的向日葵被切掉了一块,请从右侧方块中找出缺少的部分,并用线段连接起来。

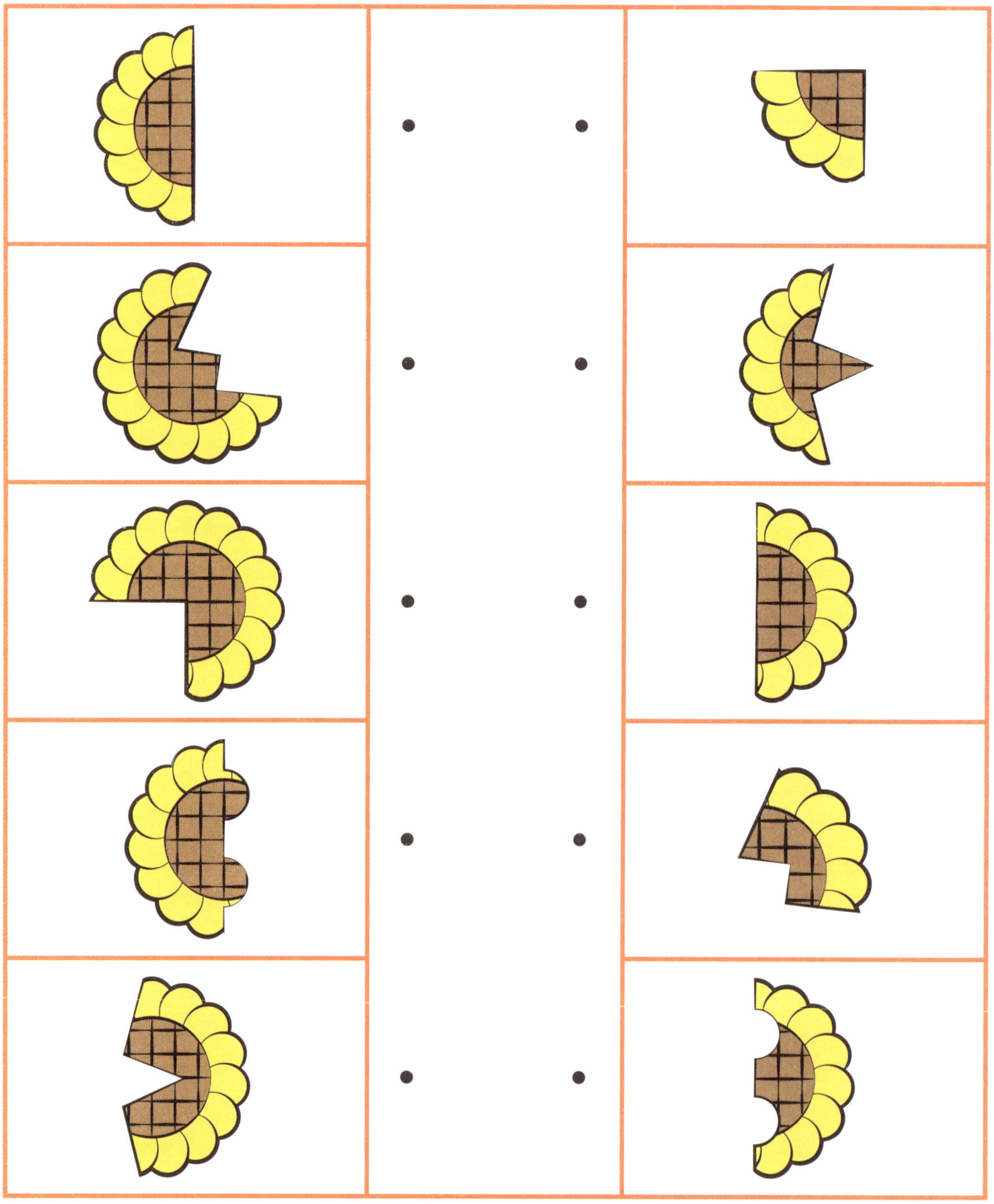

找出每块蛋糕缺少的部分,并用线段连接起来。

拓展八

连一连

下列6个大图形中,每个图形都缺少了一块,缺少了哪一块呢?找一找,用线段连接起来。

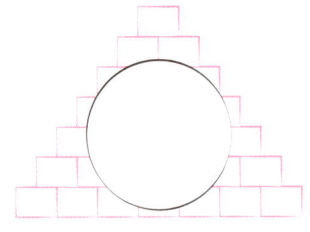
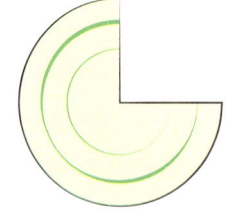

  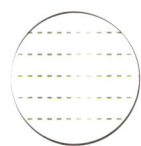 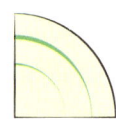 

    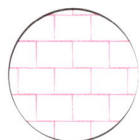

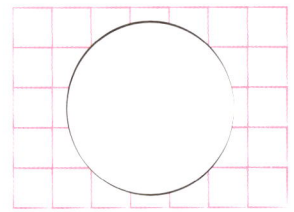
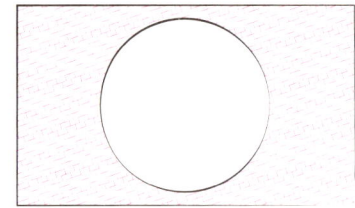
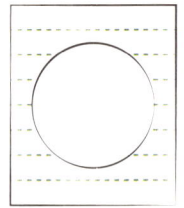

评价表

	你真棒	有进步	要加油
认知掌握			
乐于表达			
主动思考			
独立完成			

第九周

变一变

仔细观察左侧线条，看一看，它会变成什么图形？把它从右图中圈出来。

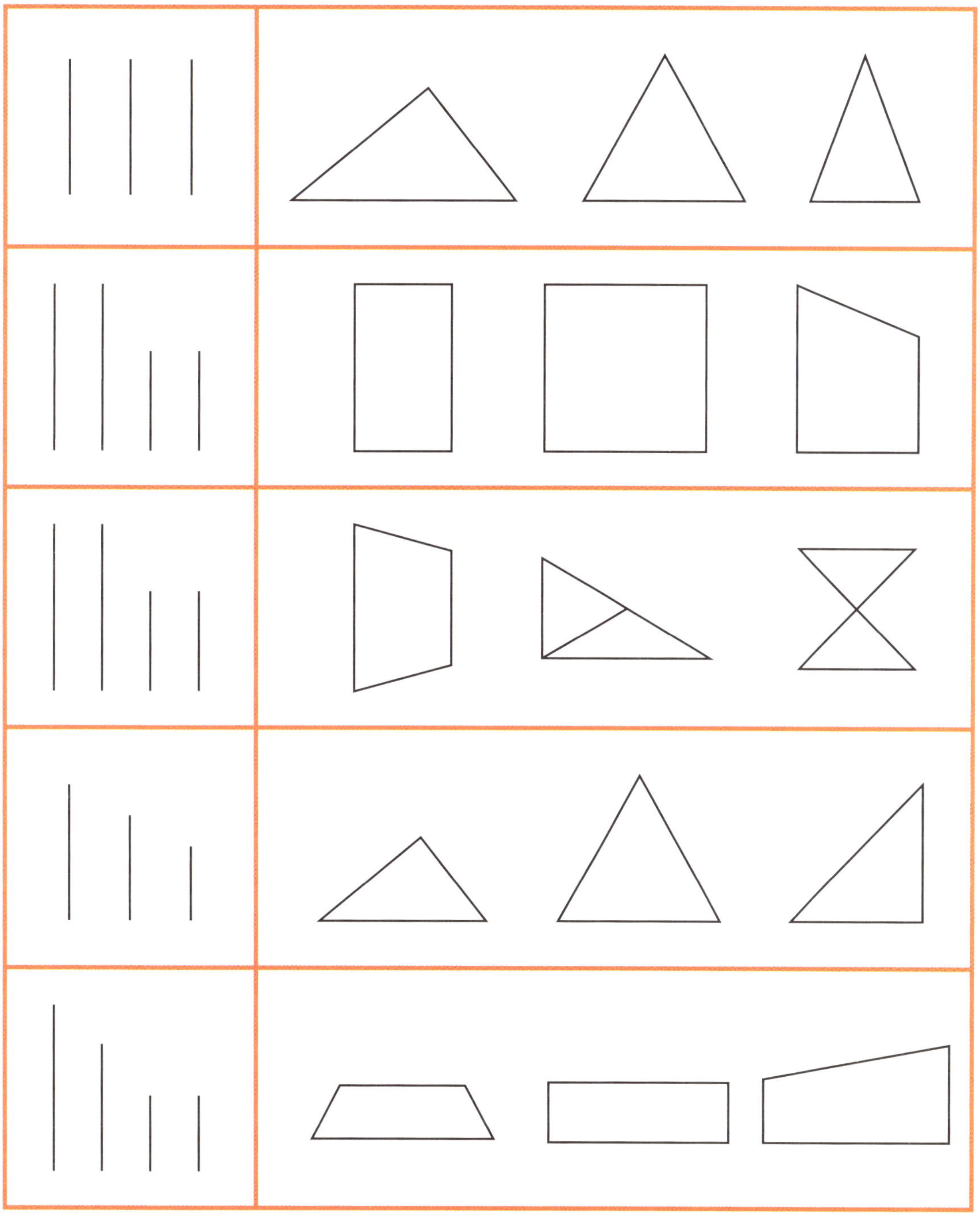

拓展九

连一连

认一认，把同类图形用线段连接起来。

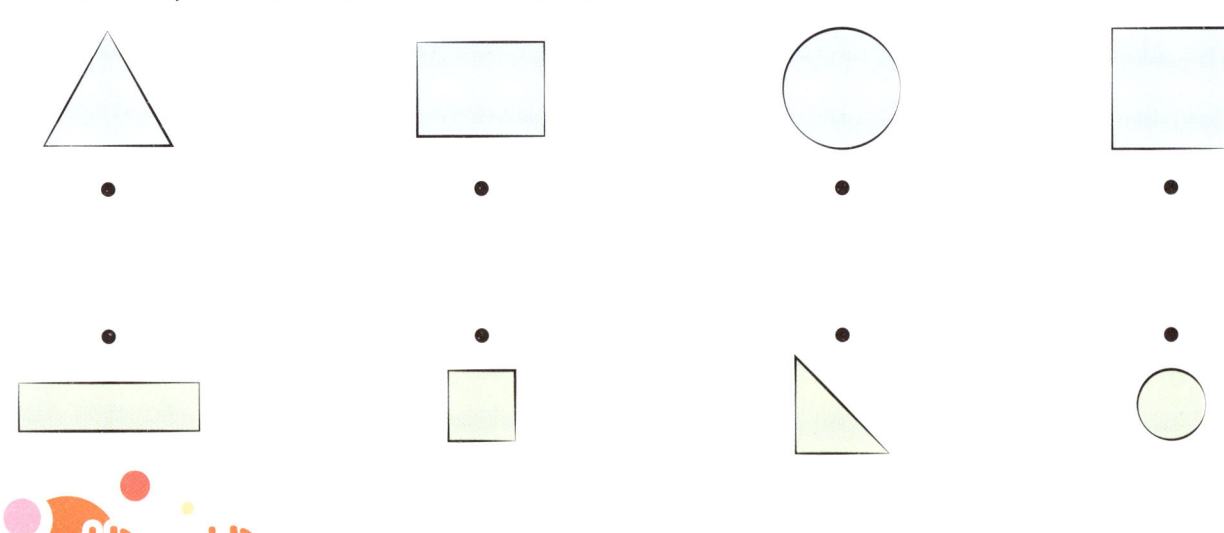

找一找

请将所有的三角形圈出来。

评价表

	你真棒	有进步	要加油
认知掌握			
乐于表达			
主动思考			
独立完成			

第十周

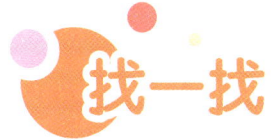

找一找

从4张图形中找出与其他三张不一样的图形，并在圆圈中打“√”。

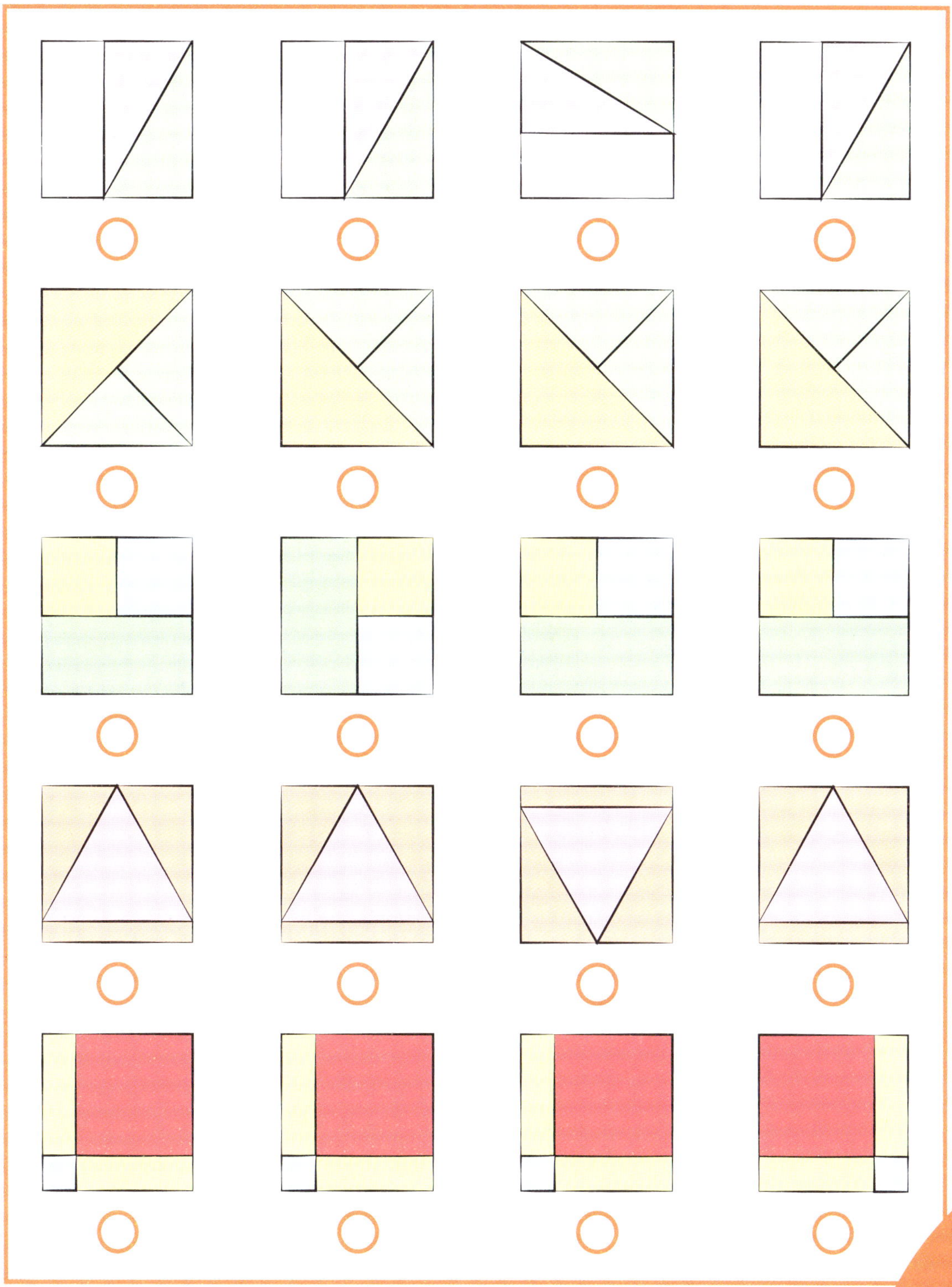

拓展十

拼一拼

找出图片中缺少的部分，并用线段连接起来。

评价表

	你真棒	有进步	要加油
认知掌握			
乐于表达			
主动思考			
独立完成			

第十一周

想一想

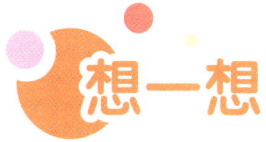

将左侧图形沿虚线裁剪后，能形成什么样的图案？
请从右侧图中圈出来。

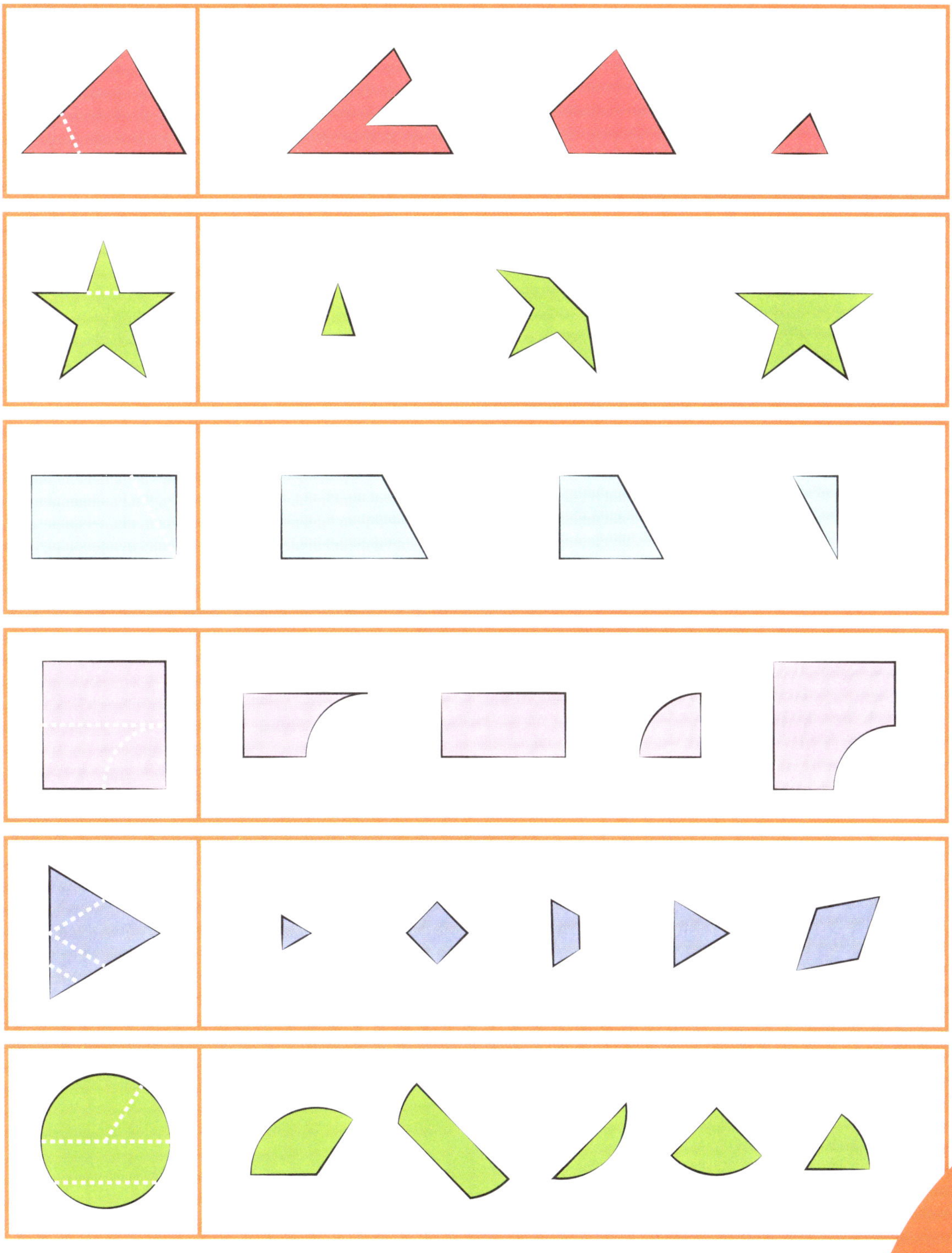

拓展十一

拼一拼

在左面的图形中可以分成几个小图形？请在右图中把它们圈出来。

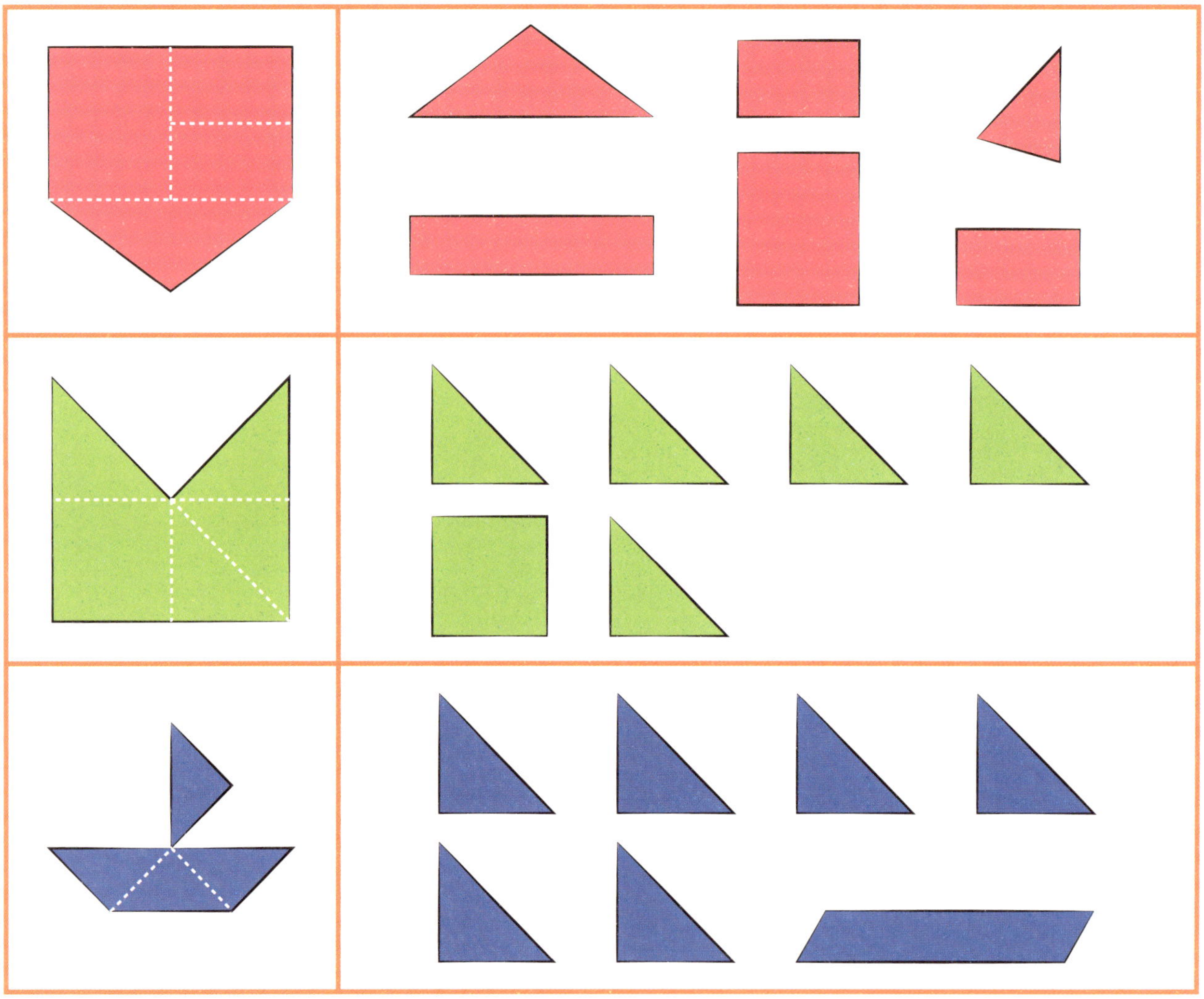

评价表

	你真棒	有进步	要加油
认知掌握			
乐于表达			
主动思考			
独立完成			

第十二周

数一数

数一数小兔、小狗、小猫分别有几只。
在格子中画上相等数量的圆圈。

拓展十二

数一数

圆形、三角形、正方形、五角星分别有几个？
在方格中画上相同数量的圆圈。

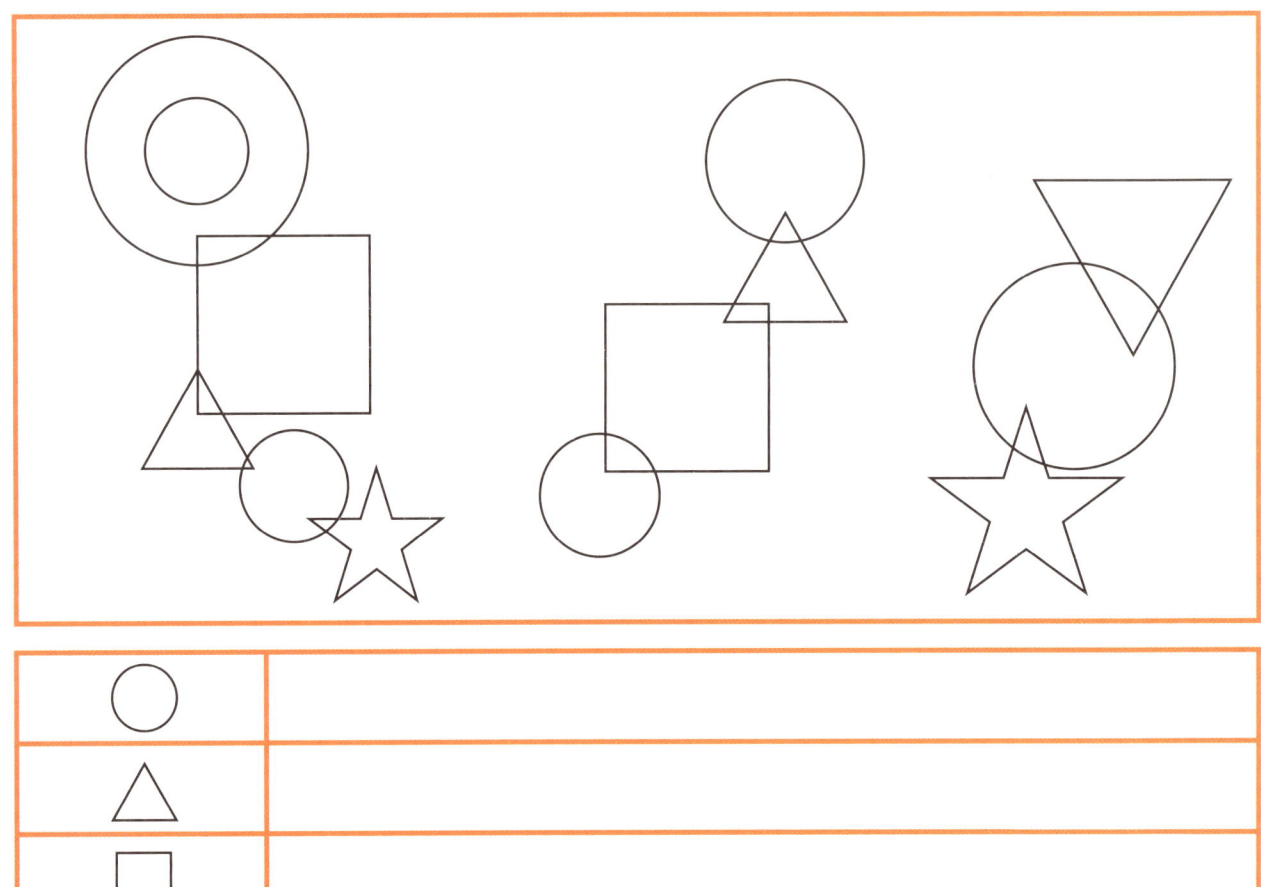

○	
△	
□	
☆	

评价表

	你真棒	有进步	要加油
认知掌握			
乐于表达			
主动思考			
独立完成			

第十三周

写一写

学一学数字1-10，并将所代表的数字填在方框中。

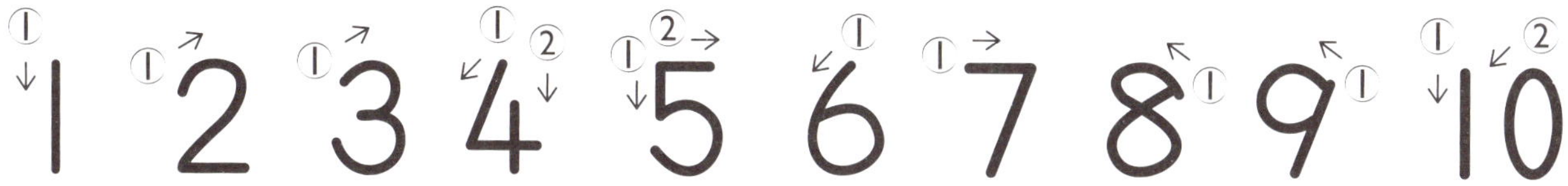

拓展十三

数一数

数一数有多少胡萝卜和青菜,把数字写在方框中。

1 2 3 4 5 6 7 8 9 10

评价表

	你真棒	有进步	要加油
认知掌握			
乐于表达			
主动思考			
独立完成			

第十四周

找一找

请仔细观察左图,在右图中找出与它相同的图片,并在圆圈内打"√"。

拓展十四

找一找

从上图中找出与下图中相同的绵羊，并写上相应的编号。

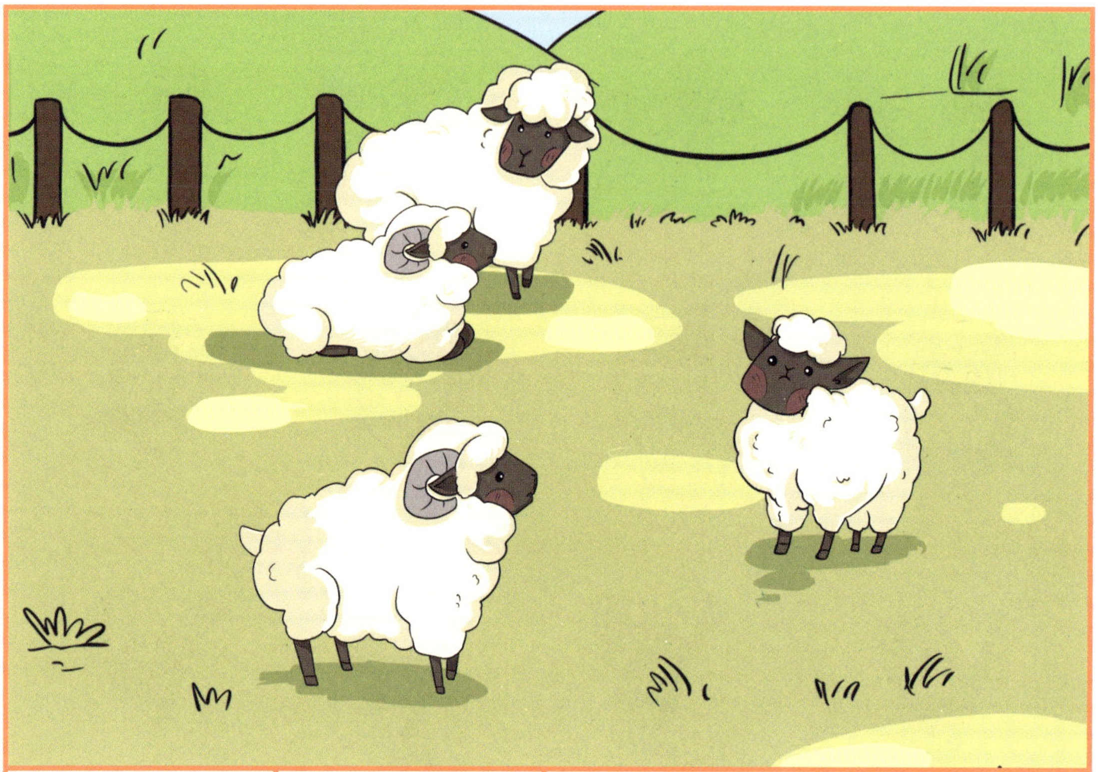

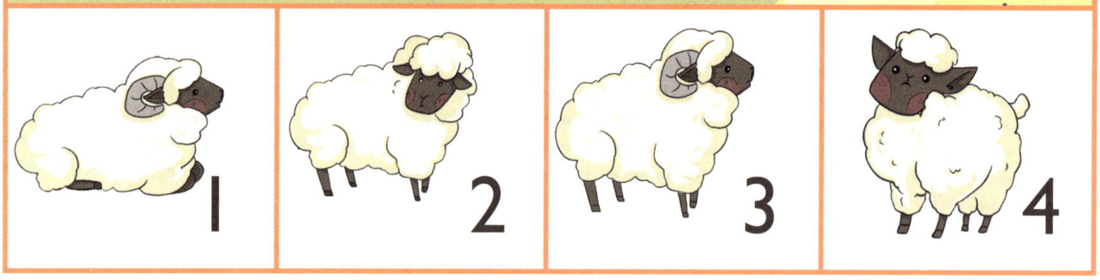

评价表

	你真棒	有进步	要加油
认知掌握			
乐于表达			
主动思考			
独立完成			

第十五周

画一画

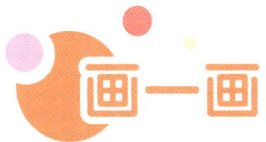

在右图相同的位置上画出与左图相同的符号。

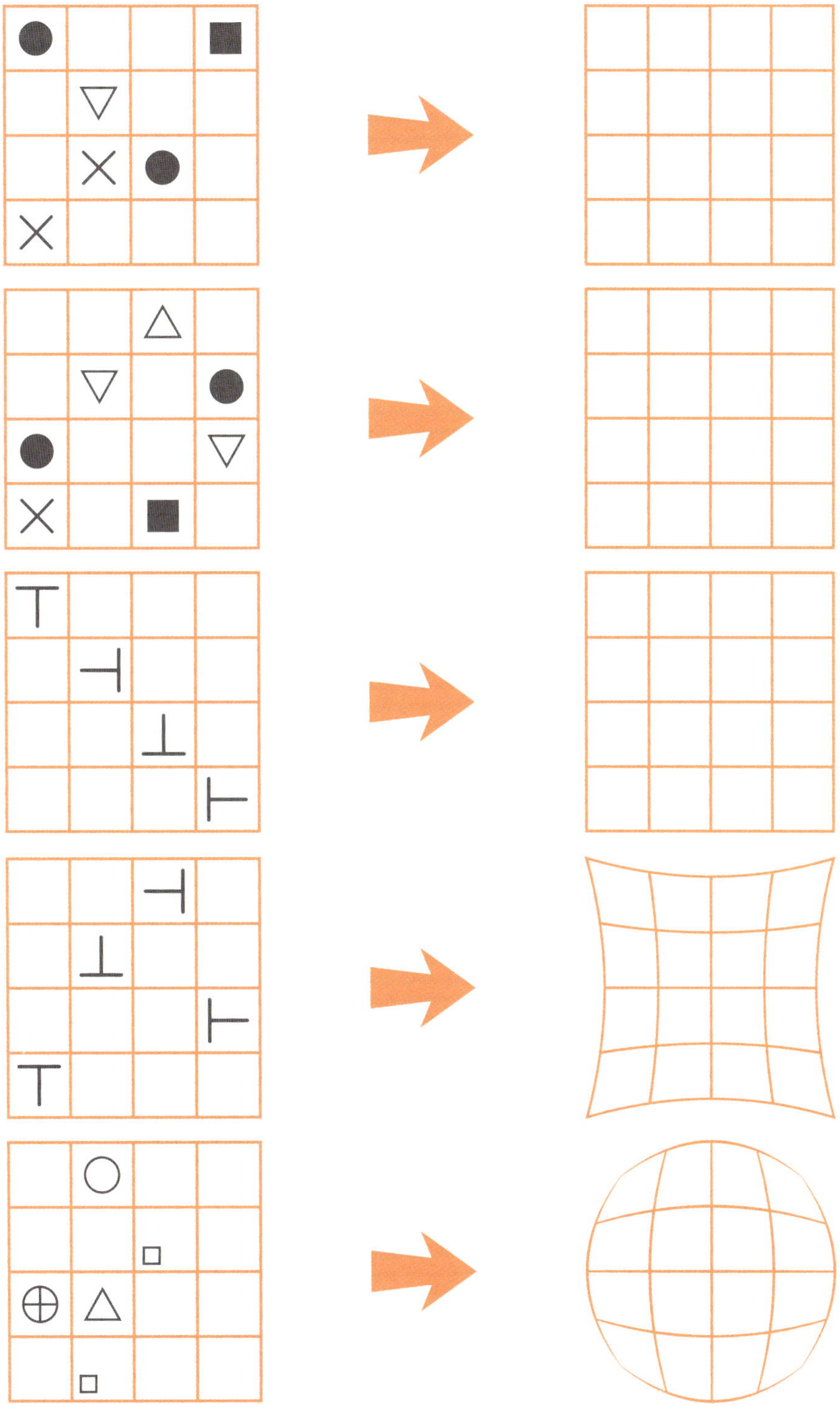

拓展十五

学做机器人,从起始点开始,按箭头方向把小圆点连接起来。

| ↓ → → ↘ | → → ↑ ↘ ↙ ↓ |
| ↑ ↘ ↓ ← | ↑ ↑ → ↑ ← ↙ |

	你真棒	有进步	要加油
认知掌握			
乐于表达			
主动思考			
独立完成			

STEM+
活动设计与体验
CURRICULUM DESIGN & EXPERIENCE

▶▶▶ （入门进阶1）

第 二 册

上海教育出版社

《跨学科活动设计与体验》科技系列丛书
指导委员会

主　任：郑允华
副主任：郑思晨　周建中
委　员：陈　杨　戴　剑　钱利群

本书编写组

主　编：沈文捷
副主编：张　倩　朱华锋　吴月萍
插　图：肖　湉　刘郅雄

目录

第一周	03
第二周	06
第三周	09
第四周	12
第五周	16
第六周	19
第七周	22
第八周	25
第九周	28
第十周	31
第十一周	35
第十二周	39
第十三周	42
第十四周	45
第十五周	48

第一周

数一数

你认识下列物品吗？数一数，按类分，笔、剪刀、尺、书各有多少？并写在相应的格子中。

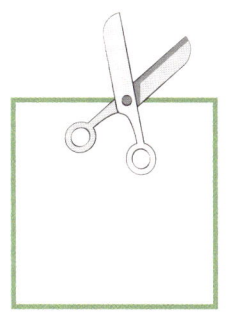
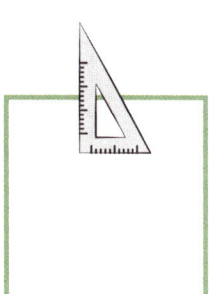
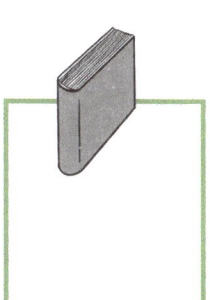

你认识下列图形吗？数一数，按类分，每种图形各有多少？并把相应的数字圈出来。

♡　（ 7 · 8 · 9 · 10 ）

✚　（ 7 · 8 · 9 · 10 ）

☆　（ 7 · 8 · 9 · 10 ）

数一数

数一数，小鱼、螃蟹、贝壳、鲨鱼各有多少？并写在相应的格子中。

	你真棒	有进步	要加油
认知掌握			
乐于表达			
主动思考			
独立完成			

第二周

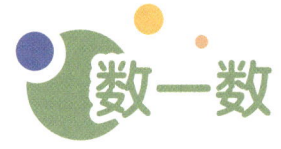

数一数

找一找，左边的图案主要是有哪些图形组成的？

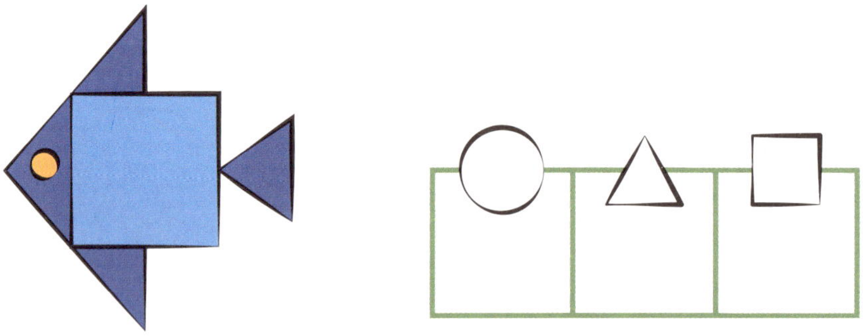

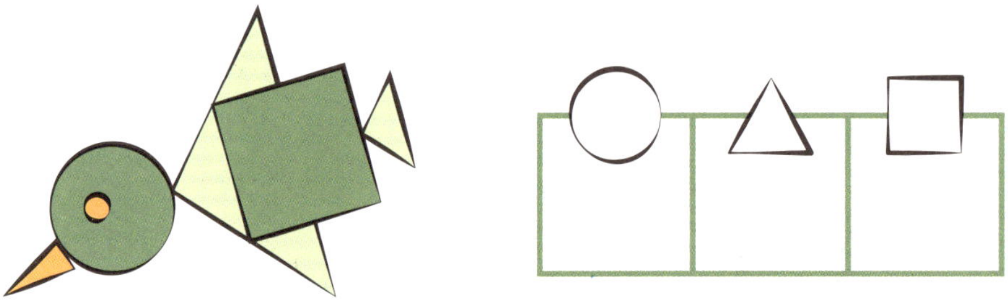

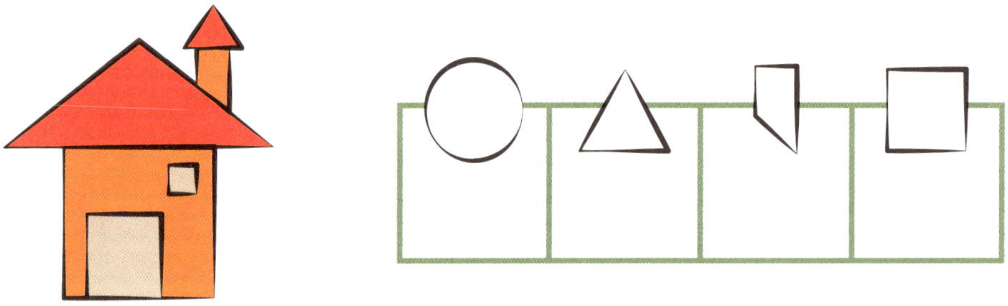

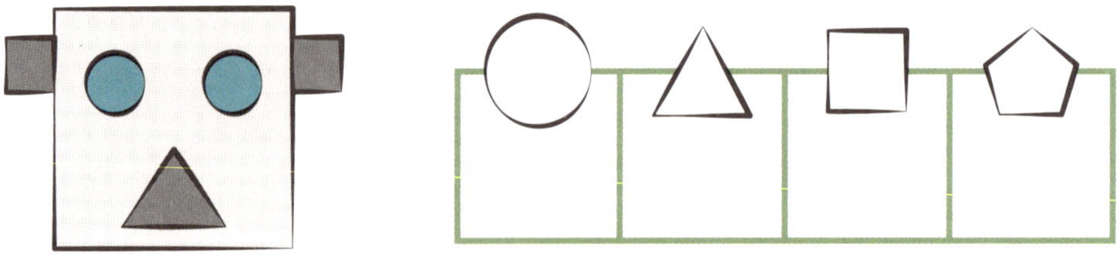

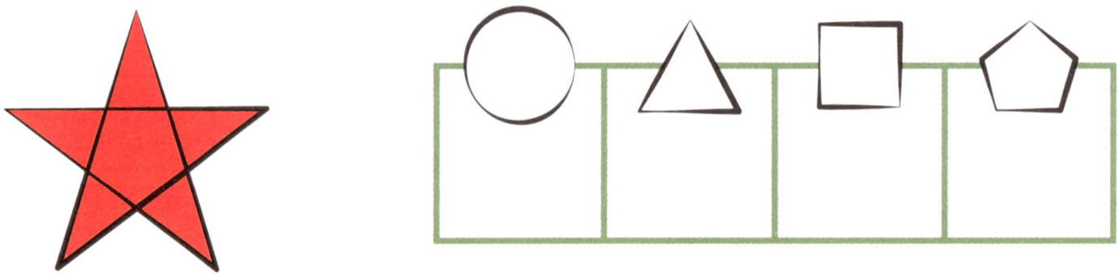

仔细观察已经搭好的积木，它们分别是由什么形状的积木组成的？把它们用线段连起来。

  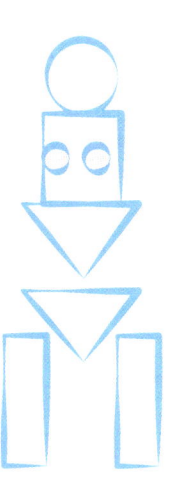 

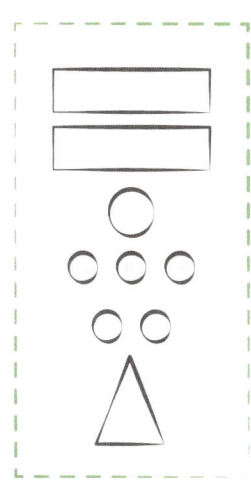 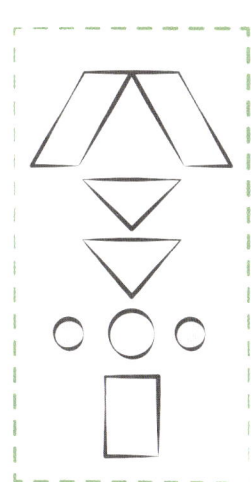 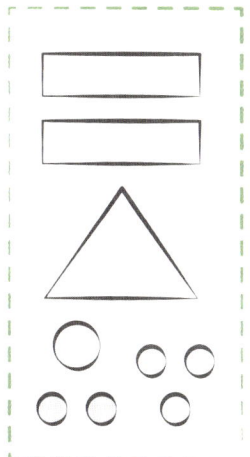 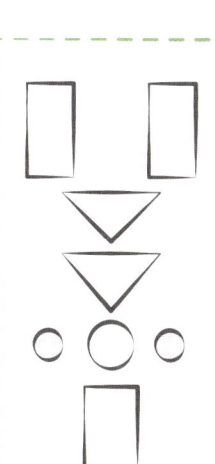

数一数，每种图形各有多少？并写在横线上。

○ 有 ____ 个　　□ 有 ____ 个

△ 有 ____ 个　　▭ 有 ____ 个

	你真棒	有进步	要加油
认知掌握			
乐于表达			
主动思考			
独立完成			

第三周

写一写

把每一行中缺少的数字补完整。

把每一行中缺少的圆点补完整。

把这一行中缺少的数字补完整，并在小刺猬背上补画对应数量的草莓（可用圆圈表示）。

 写一写

把每一行中缺少的数字补完整。

把2、5、3、4、1按从小到大的顺序写在旗子上。

把10、7、9、8、6按从大到小的顺序写在旗子上。

拓展三

在下列线条中隐藏了哪些动物？这些动物的数量分别对应的数字是哪个？请把对应的数字写在对应动物的方框中。

	你真棒	有进步	要加油
认知掌握			
乐于表达			
主动思考			
独立完成			

第四周

找一找

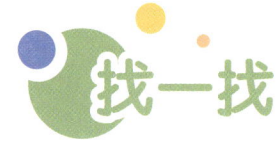

在排列顺序错误数列下面的方框中打“×”。

□ 1 2 3 5 4 6 7 8 9 10

□ 1 2 3 4 5 6 7 8 9 10

□ 1 2 3 4 5 6 7 8 9 10

□ 1 2 8 4 5 6 7 3 9 10

□ 1 2 3 4 5 9 7 8 6 10

□ 1 2 3 4 5 6 7 8 9 10

在排列顺序错误数列下面的方框中打"×"。

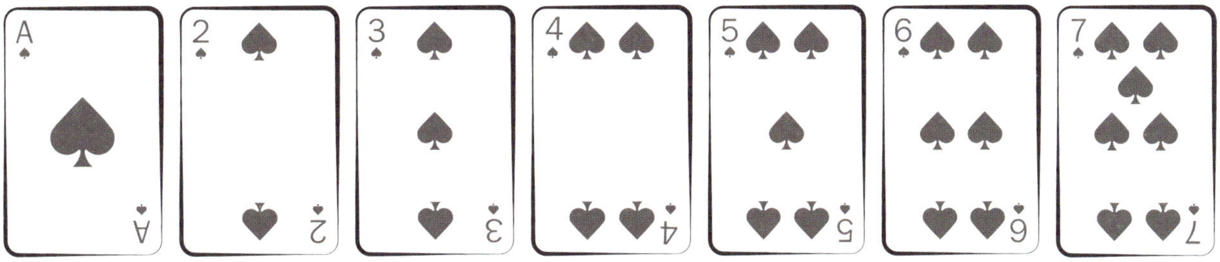

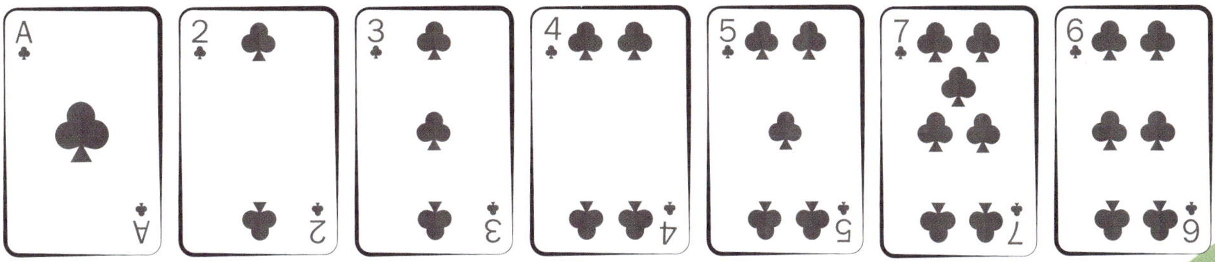

按顺序把1—20用线段连接起来，看看是什么。

```
                4
                         3      20
         5                              19
   7
8                              2
       6               1                      18


         10
   9       11       14        15


         12    13        16      17
```

拓展四

把缺少的数字填入火车上对应的位置中。

在方框中填入适合的数字。

☐ 4 ☐ ☐ 7 ☐

☐ 9 ☐ ☐ 10 ☐

	你真棒	有进步	要加油
认知掌握			
乐于表达			
主动思考			
独立完成			

第五周

写一写

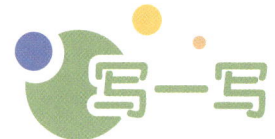

请在右面图案中找出与左面相同的图案，并用“○”圈起来。

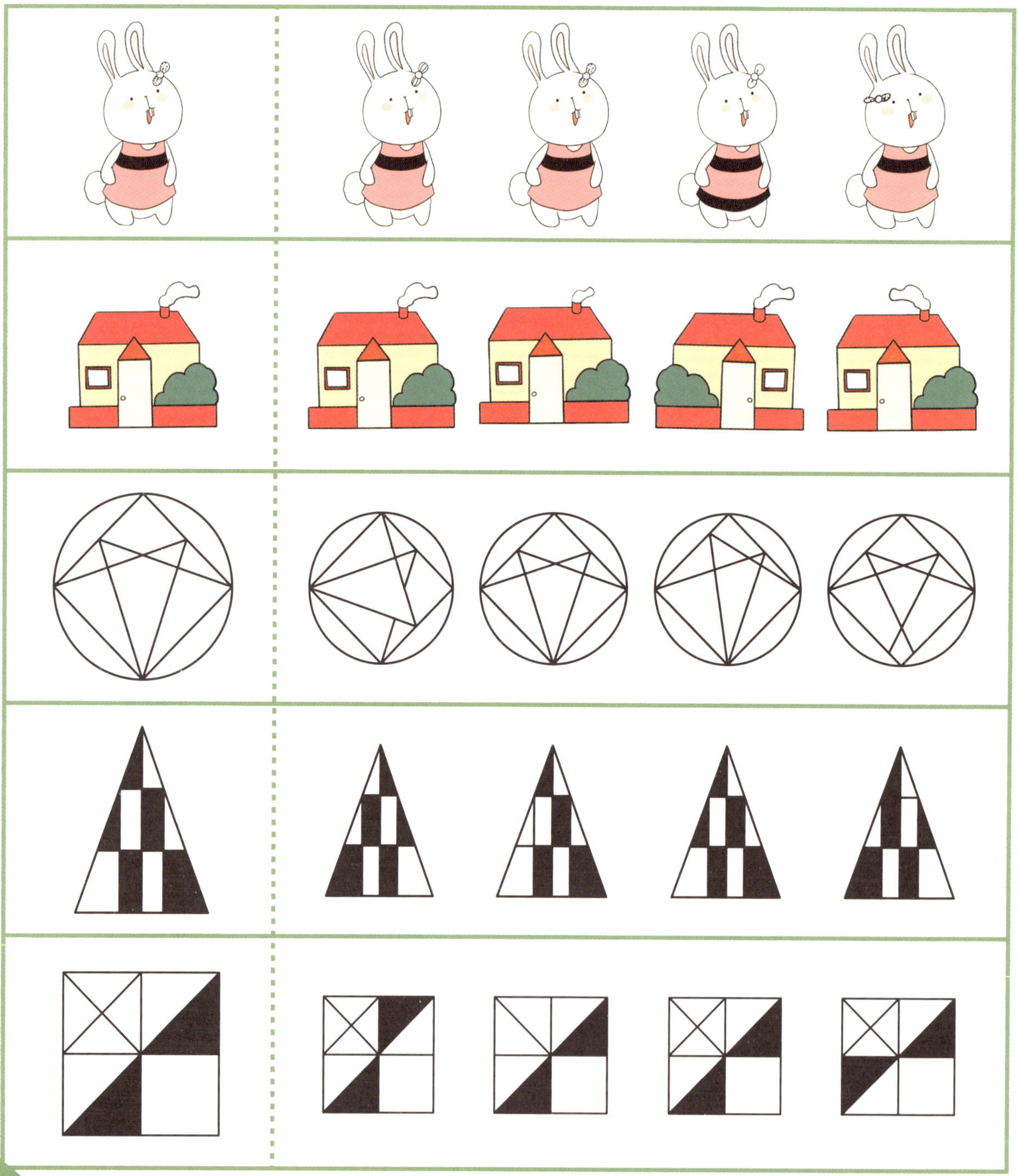

 写一写

仔细观察下列三组图形，从并排的4个图案中找出与上面相同的图案，并用"○"圈起来。

拓展五

看一看

摩托车运动员的后背上都有参赛号，请给骑在摩托车上的运动员写上参赛号。

评价表

	你真棒	有进步	要加油
认知掌握			
乐于表达			
主动思考			
独立完成			

第六周

找一找

找一找，左面的图形中缺少了哪一块？请从右面图形中用"○"圈出来。

找一找

仔细观察两幅图，找出相同的拼图碎片，并用线段连接起来。

仔细观察图片，它是下面4张照片中哪一张的局部？

	你真棒	有进步	要加油
认知掌握			
乐于表达			
主动思考			
独立完成			

第七周

完整的图形被拿掉了一部分。想一想，加上哪一块可使其变成完整的图形？

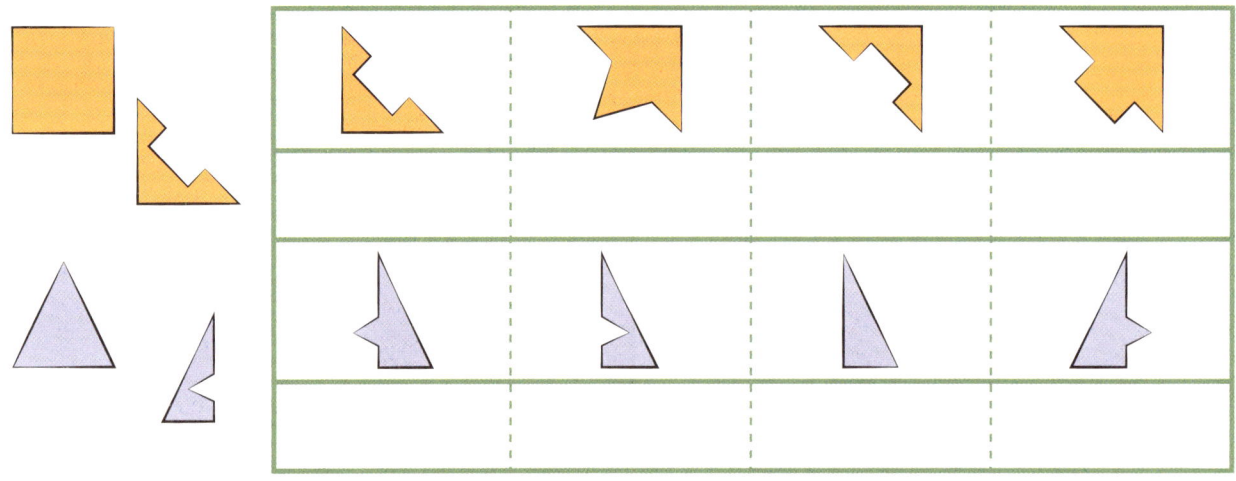

完整图形的一部分被拿掉了。想一想，加上哪一块可使其变成完整的图形？

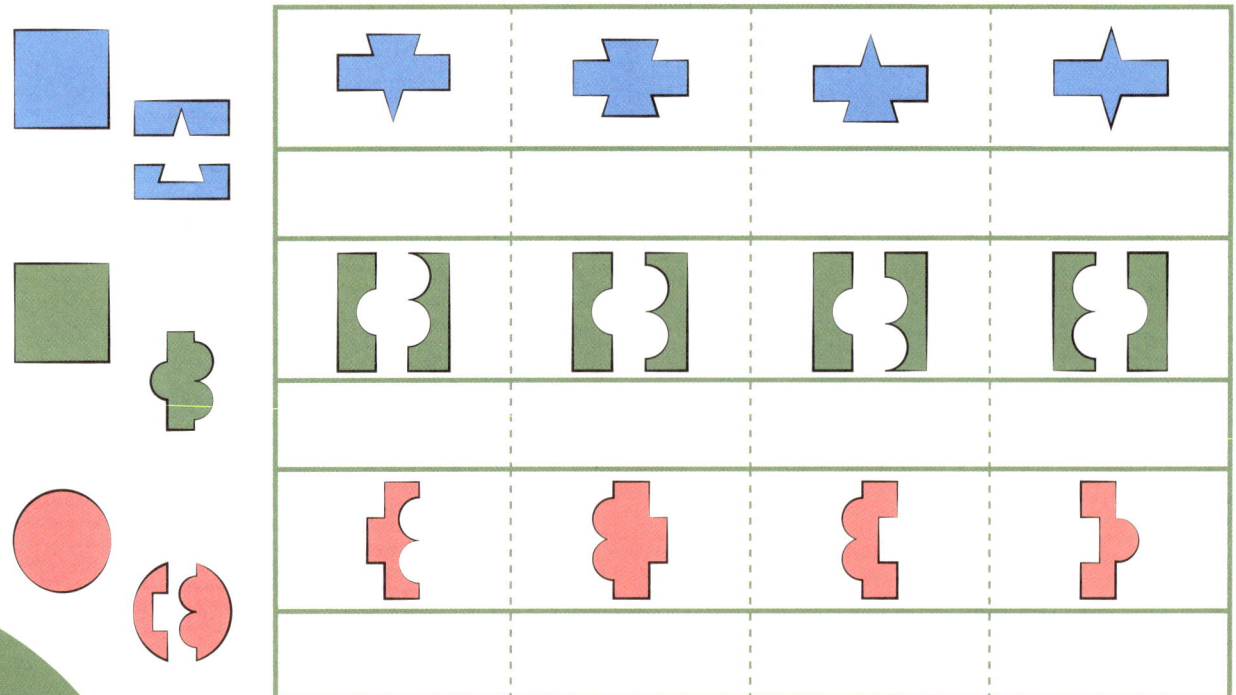

想一想

看一看，左边的碎片可以拼成右边哪一种交通工具？用线段连接起来。

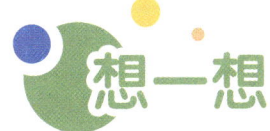

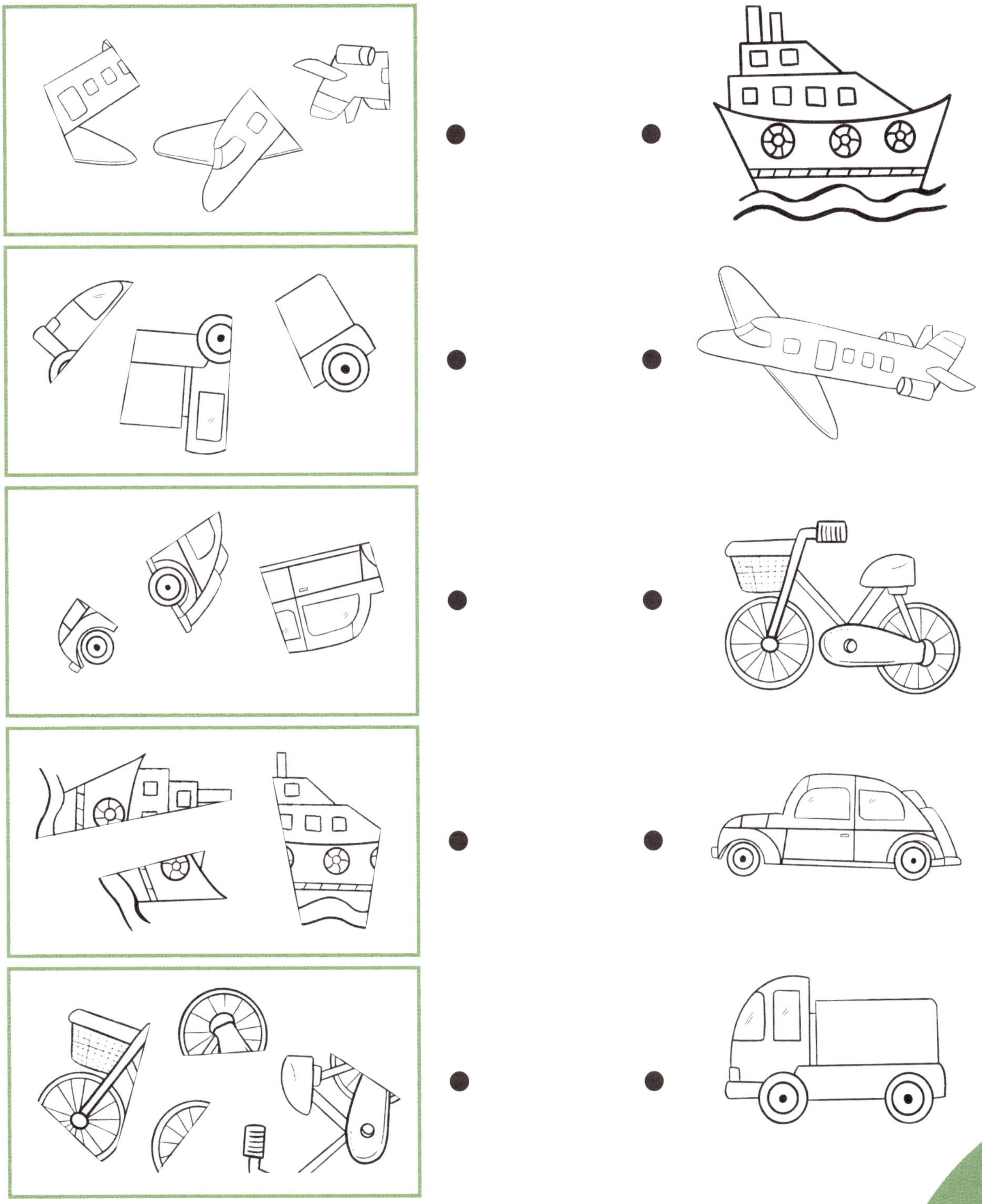

拓展七

拼一拼

看一看,三张小图可以拼成哪一张大图,用"○"圈出来。

	你真棒	有进步	要加油
认知掌握			
乐于表达			
主动思考			
独立完成			

第八周

 找一找

从右边找出与左边相同的图形，并用"√"标在圆圈中。

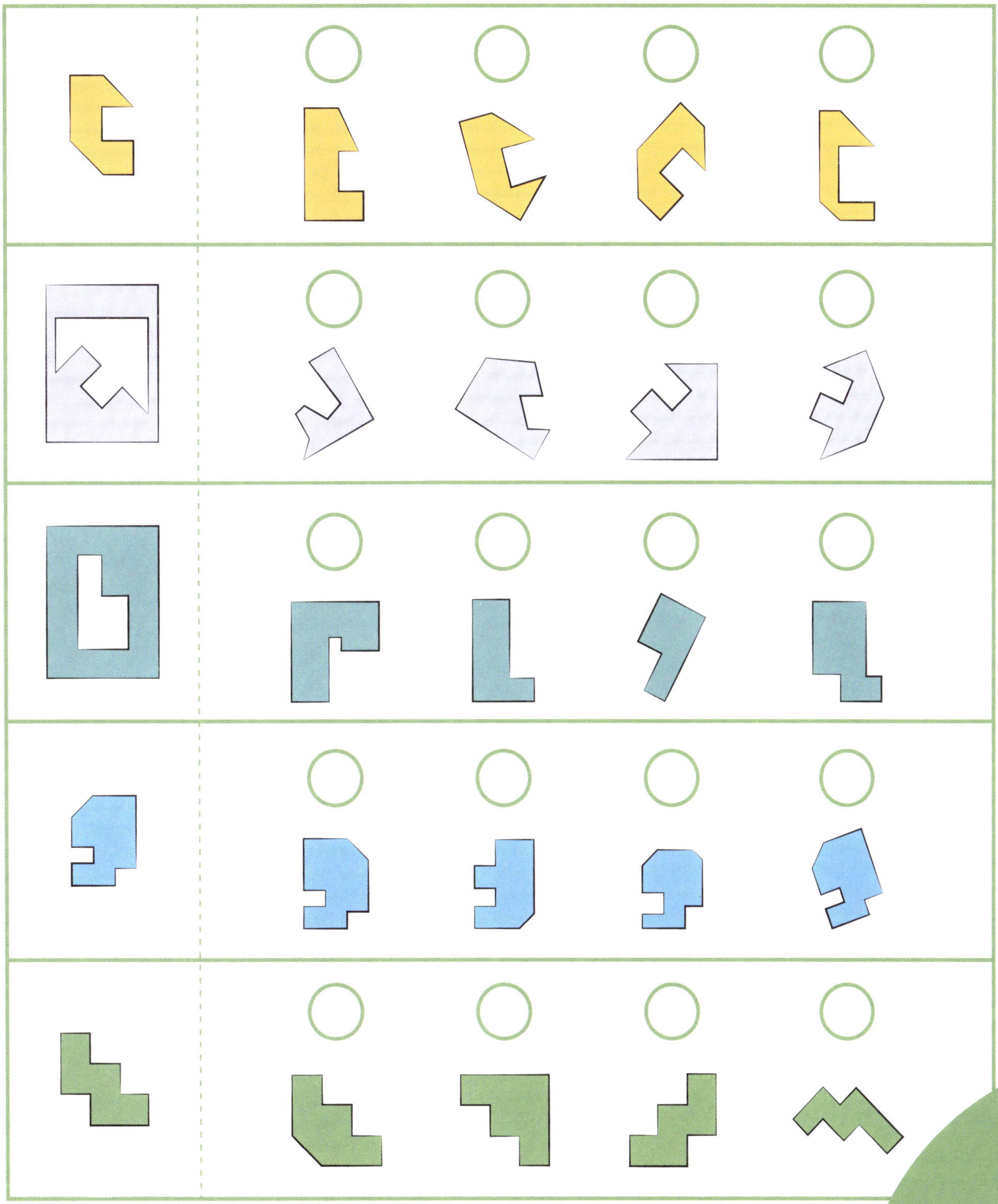

圈一圈

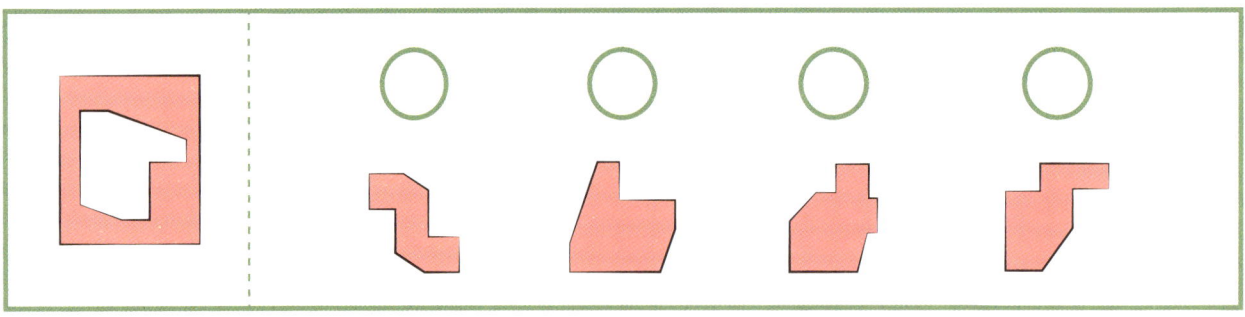

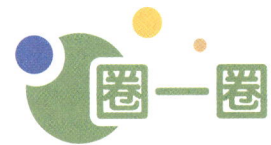

找一找，在右边把与左边相同的帽子和包用“○”圈出来。

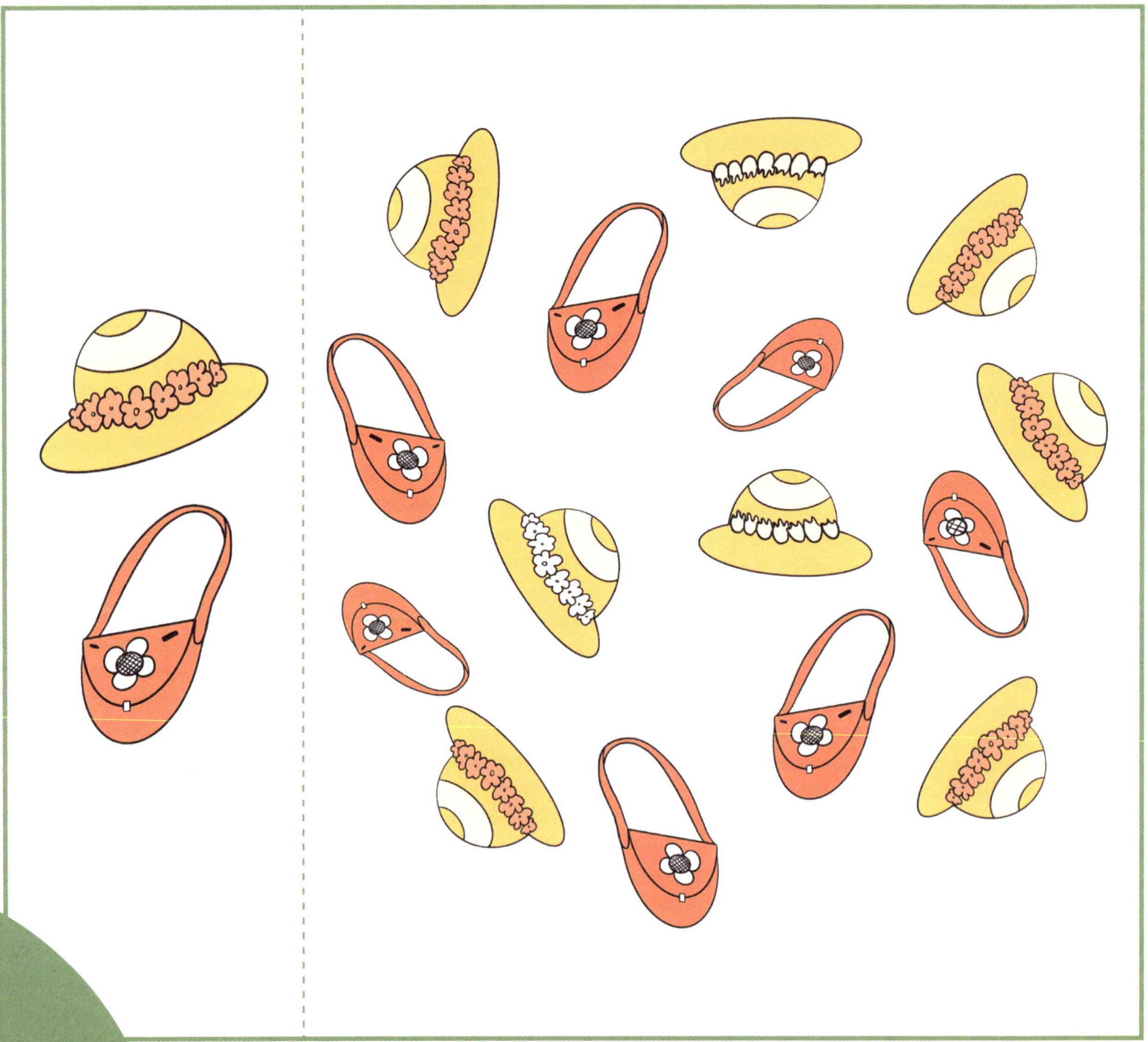

在右边找出与左边钥匙匹配的锁，并用"√"标出来。

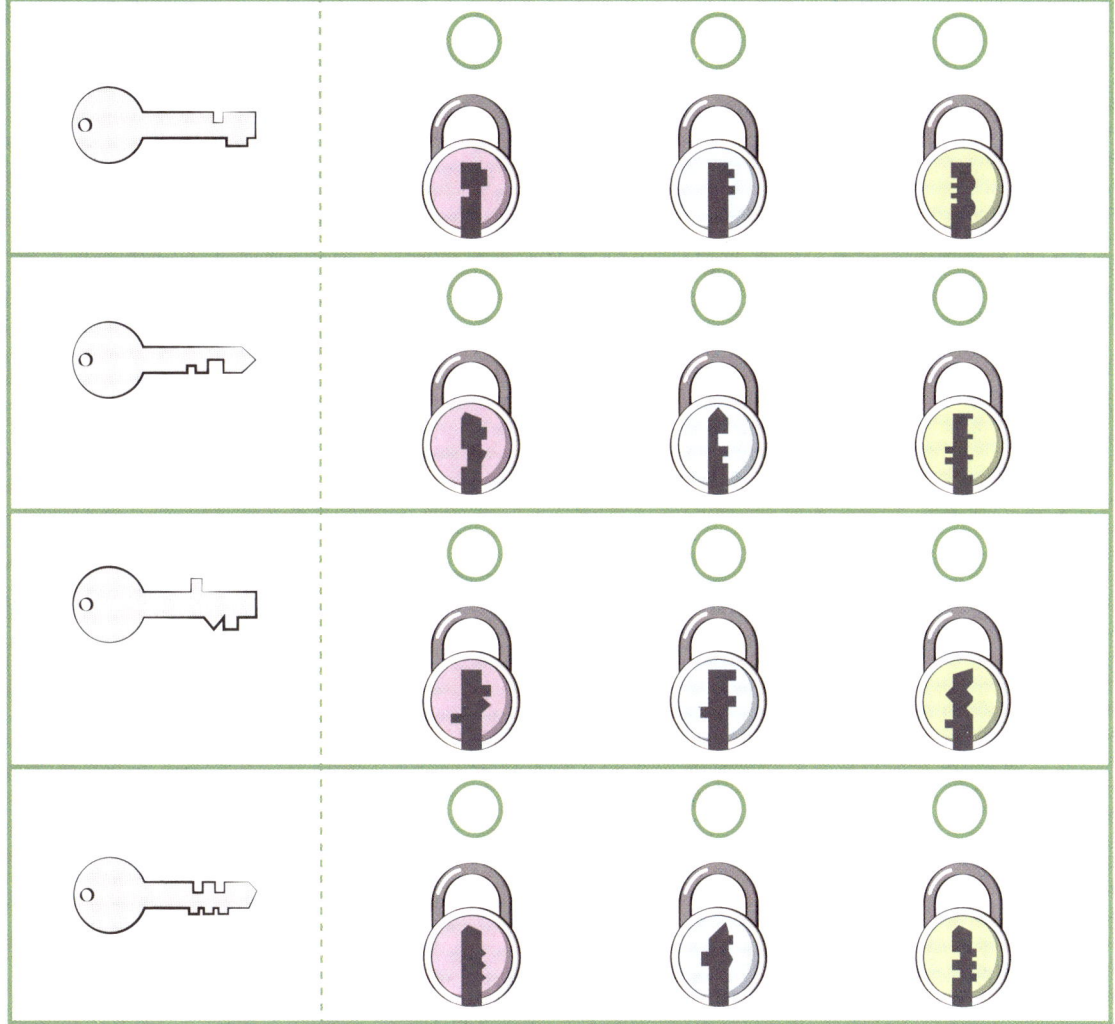

	你真棒	有进步	要加油
认知掌握			
乐于表达			
主动思考			
独立完成			

第九周

写一写

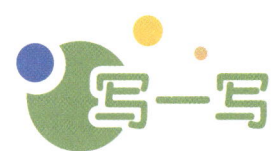

找出两个图形的相交部分，并将其中的数字正确地书写在“□”中。

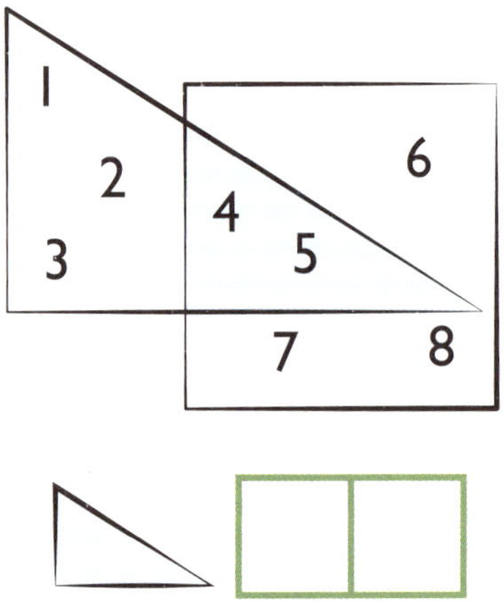

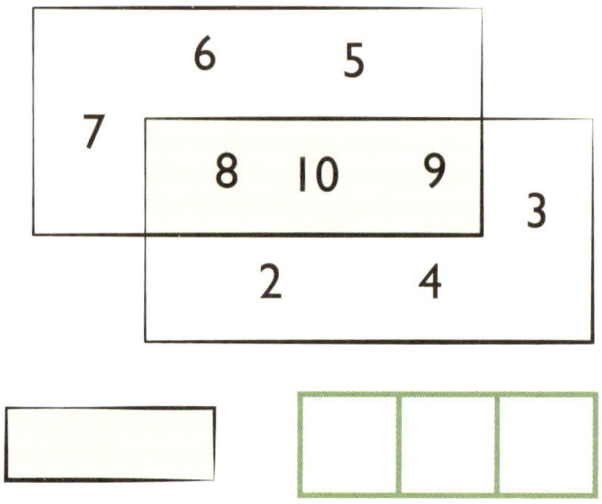

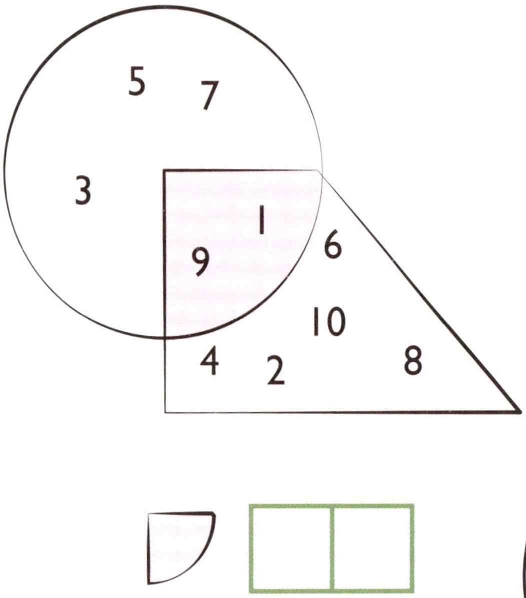

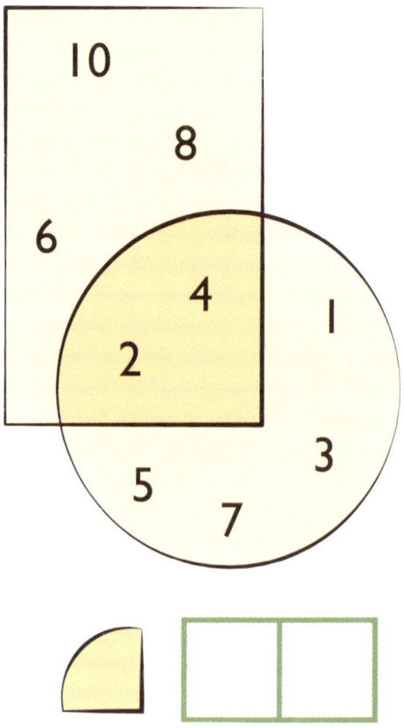

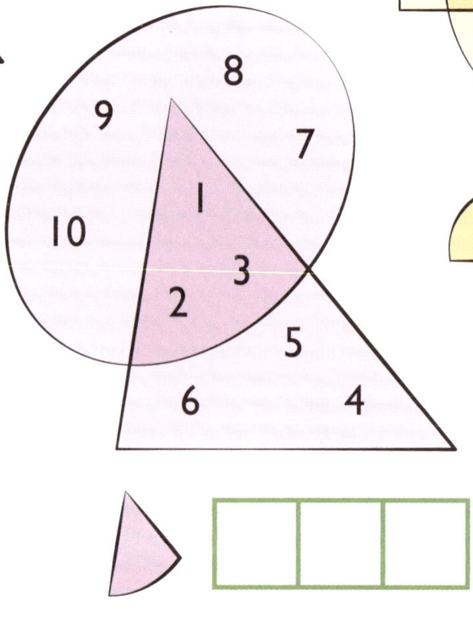

 涂一涂

找出三个图形重叠的部分,并涂上颜色。

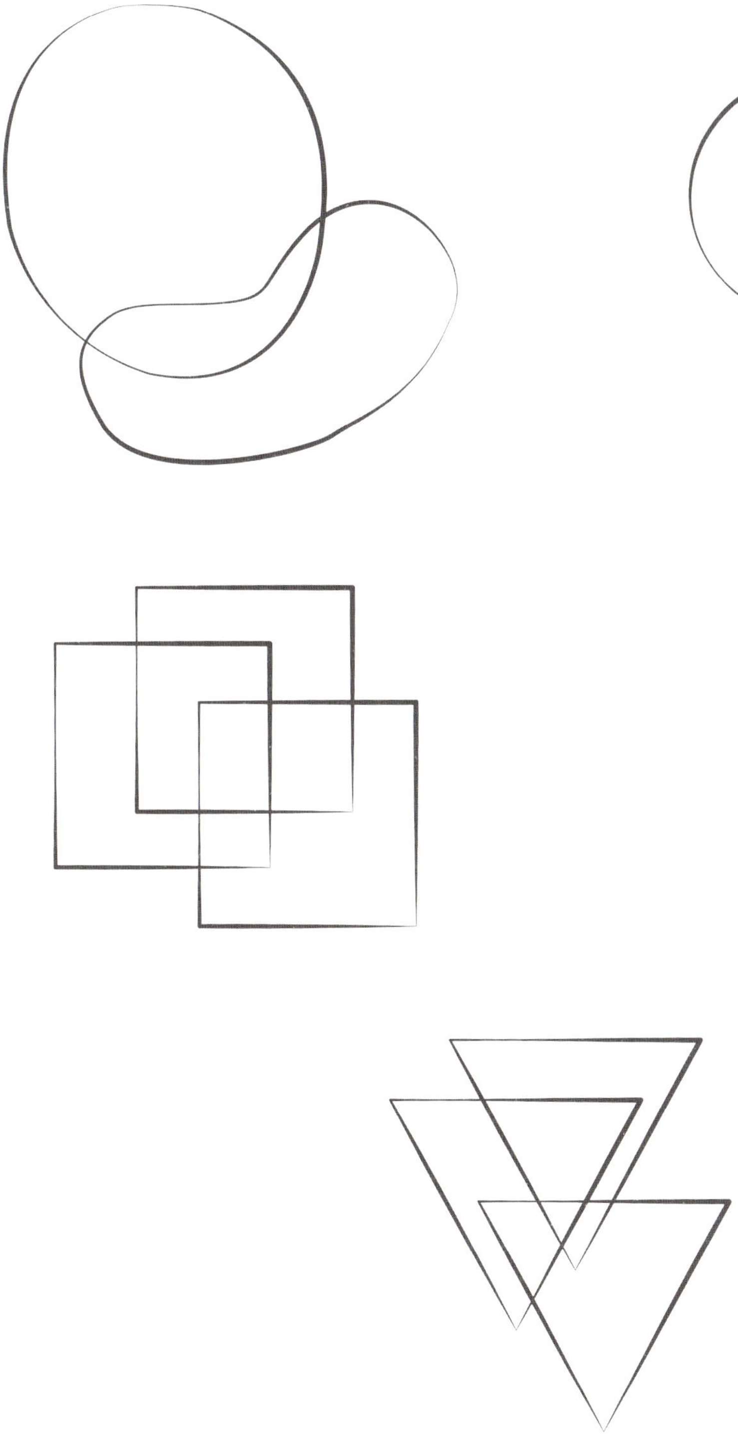

拓展九

在左边把与右边相同的图形用"○"圈出来。

	你真棒	有进步	要加油
认知掌握			
乐于表达			
主动思考			
独立完成			

第十周

左边和右边加起来一共是多少，写在"□"中。

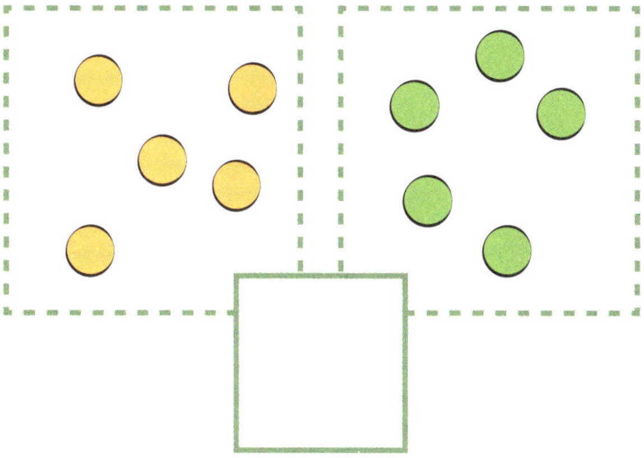

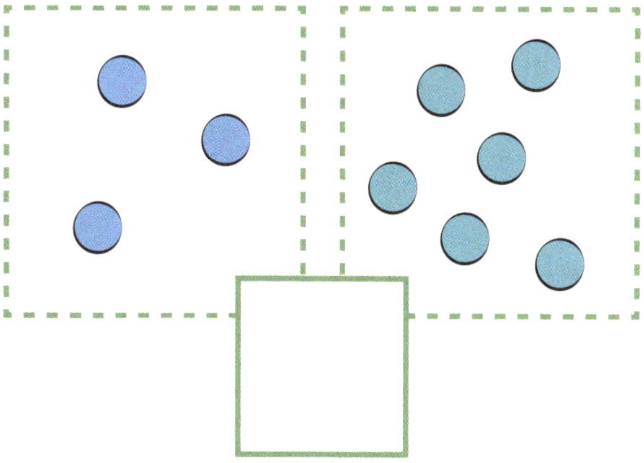

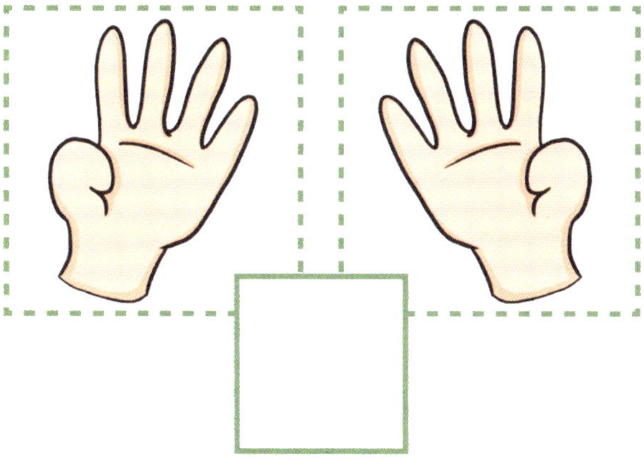

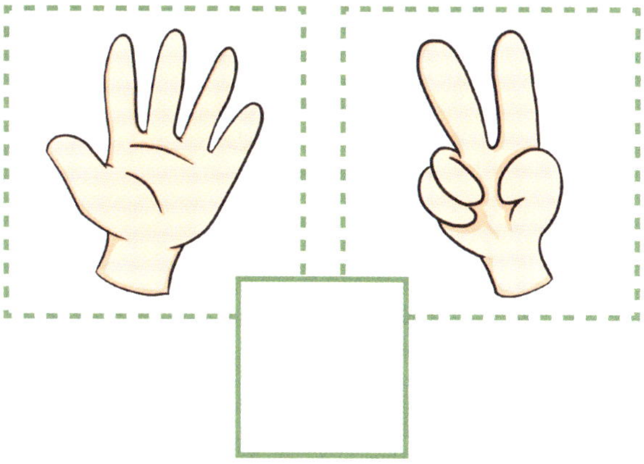

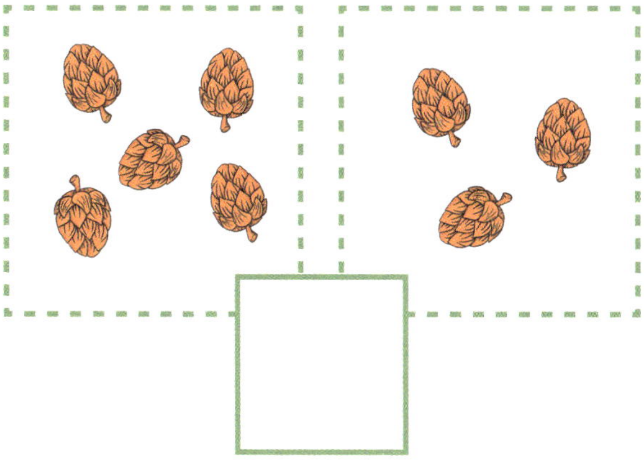

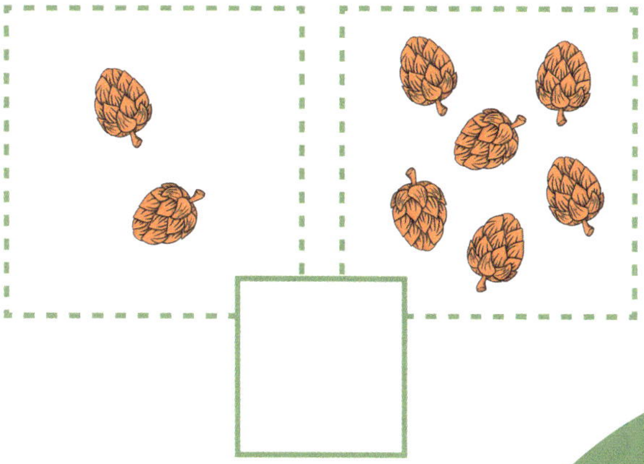

加一加

把左边和右边的蔬果全部放在篮子里后,其数量是多少?请写在"□"中。

拓展十

数一数

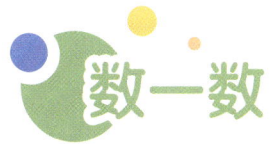

用数字写出两个方块中圆点的总和。

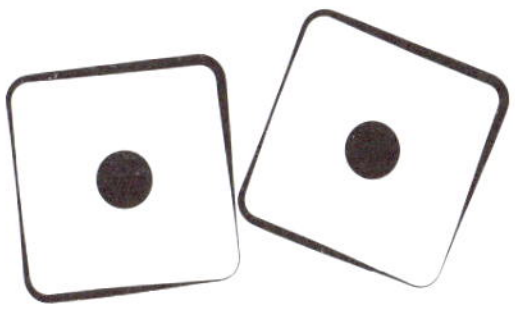

□ 个圆点

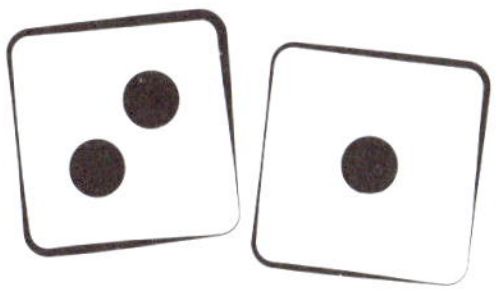

□ 个圆点

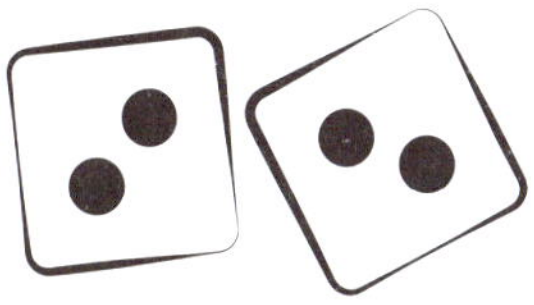

□ 个圆点

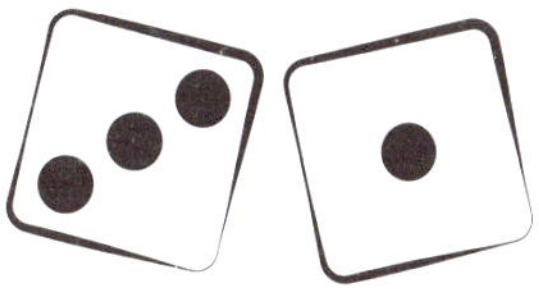

□ 个圆点

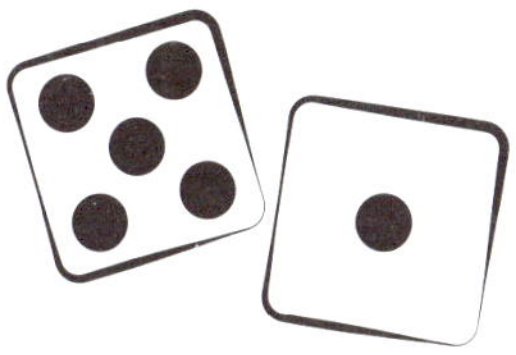

□ 个圆点

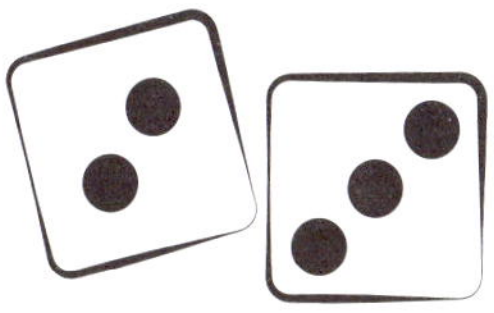

□ 个圆点

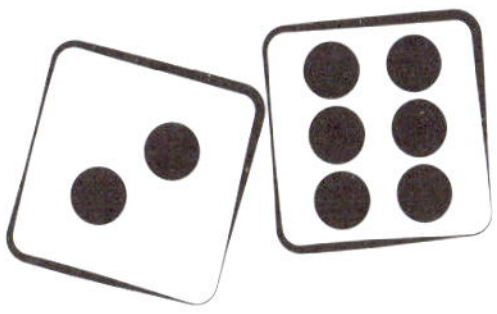

□ 个圆点

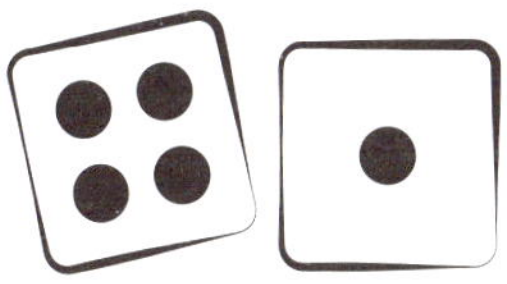

□ 个圆点

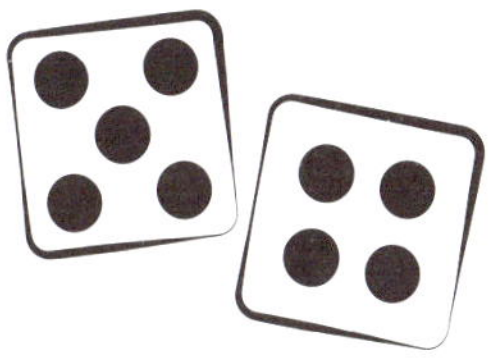

□ 个圆点

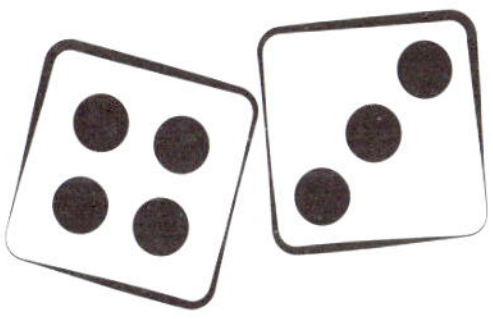

□ 个圆点

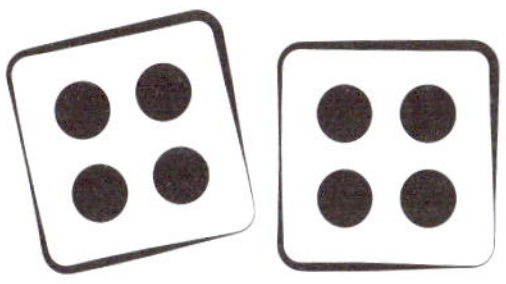

□ 个圆点

用数字写出各组中圆点的总和,并把与其他组数字不同的组圈出来。

1+4	2+3	2+2	3+3
□	□	□	□
3+3	2+3	4+2	1+5
□	□	□	□
1+6	2+4	4+3	3+5
□	□	□	□

	你真棒	有进步	要加油
认知掌握			
乐于表达			
主动思考			
独立完成			

第十一周

哪个小动物手里拿的气球最多?请在最多的下面方框中打"√"。

哪只鼹鼠挖的地道最深?请在对应的方框中打"√"。

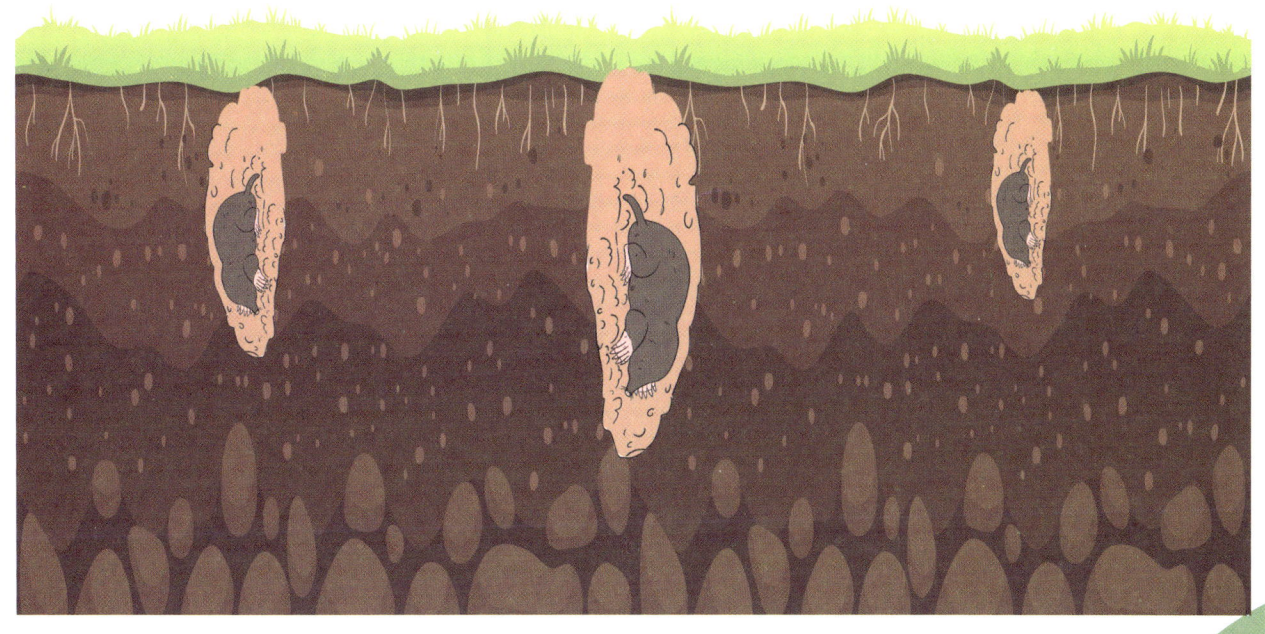

比一比

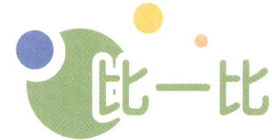

在下列笔、草、小棒和尺中，哪个最长？哪个最短？
请在最长的下面方框中打“√”，在最短的下面方框中画“○”。

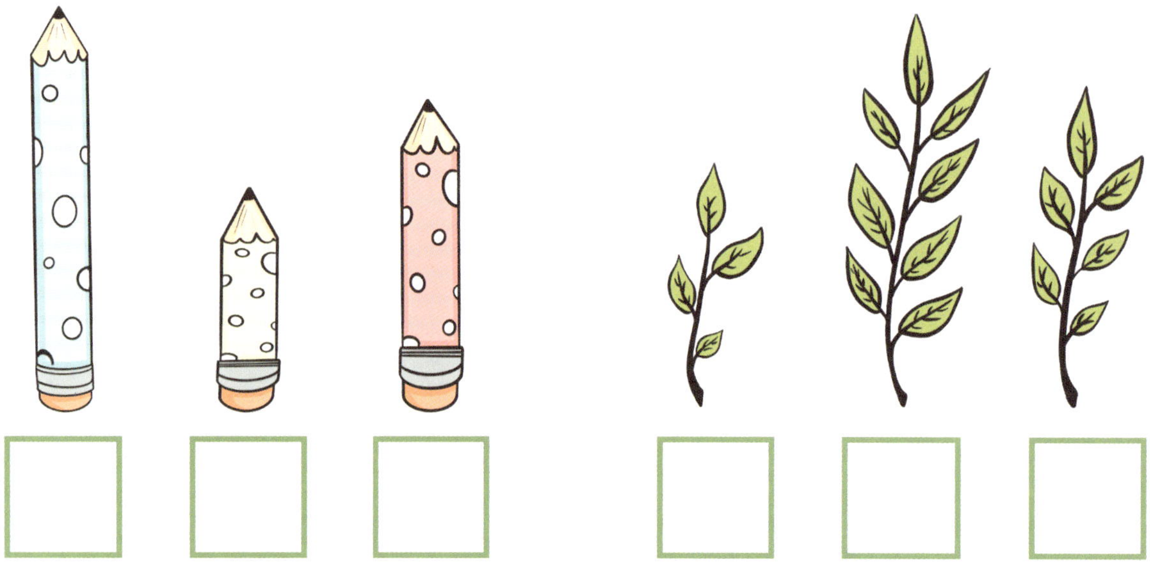

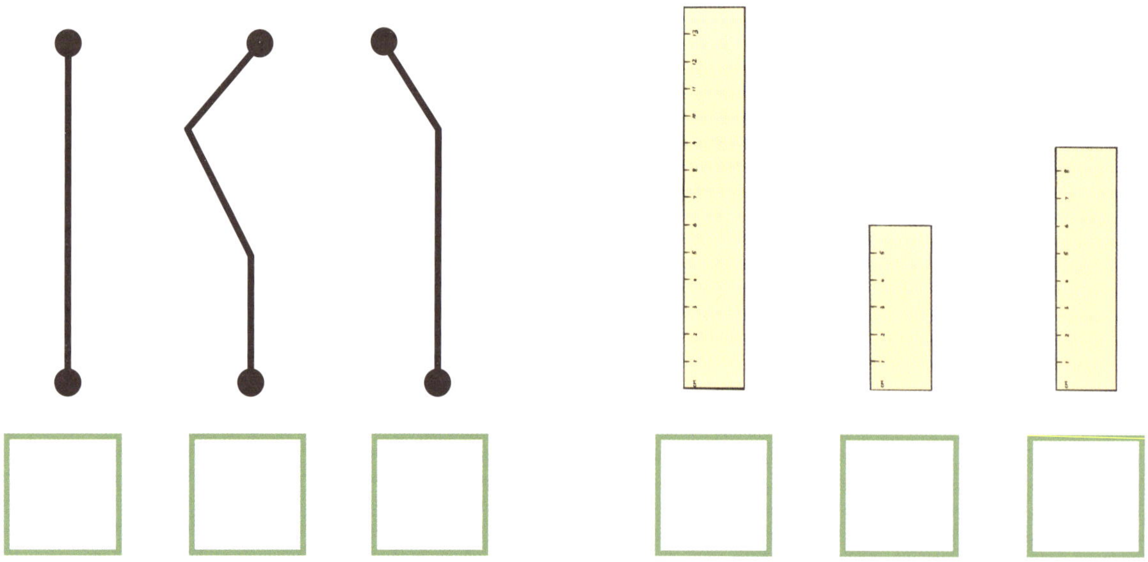

下面绳子一样长吗？在最长的绳子边上打"√"。

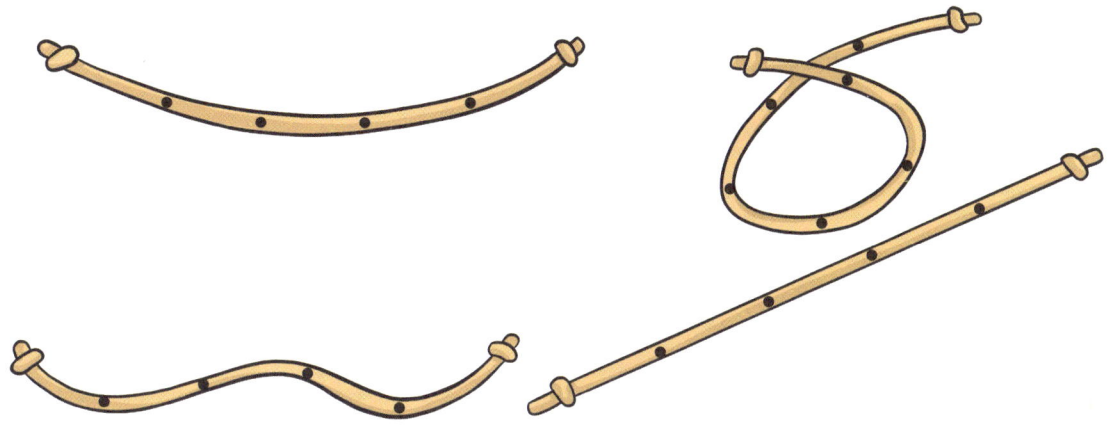

打结会使绳子变短，下面哪根绳子最短？请在它的边上打"√"。

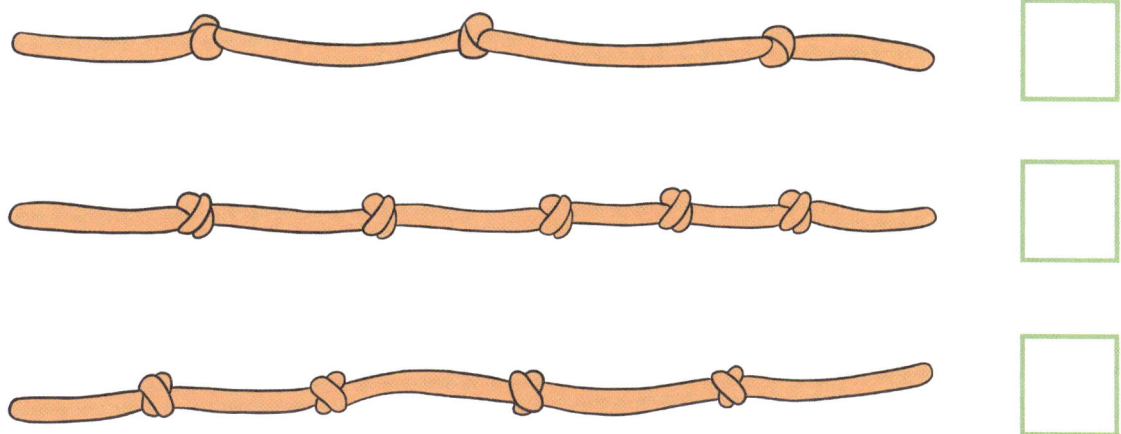

拓展十一

将下面的小火车按从短到长的顺序编号。

	你真棒	有进步	要加油
认知掌握			
乐于表达			
主动思考			
独立完成			

第十二周

涂一涂

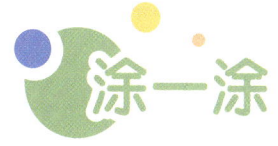

在右边积木中把与玩具一样高的部分涂上颜色。

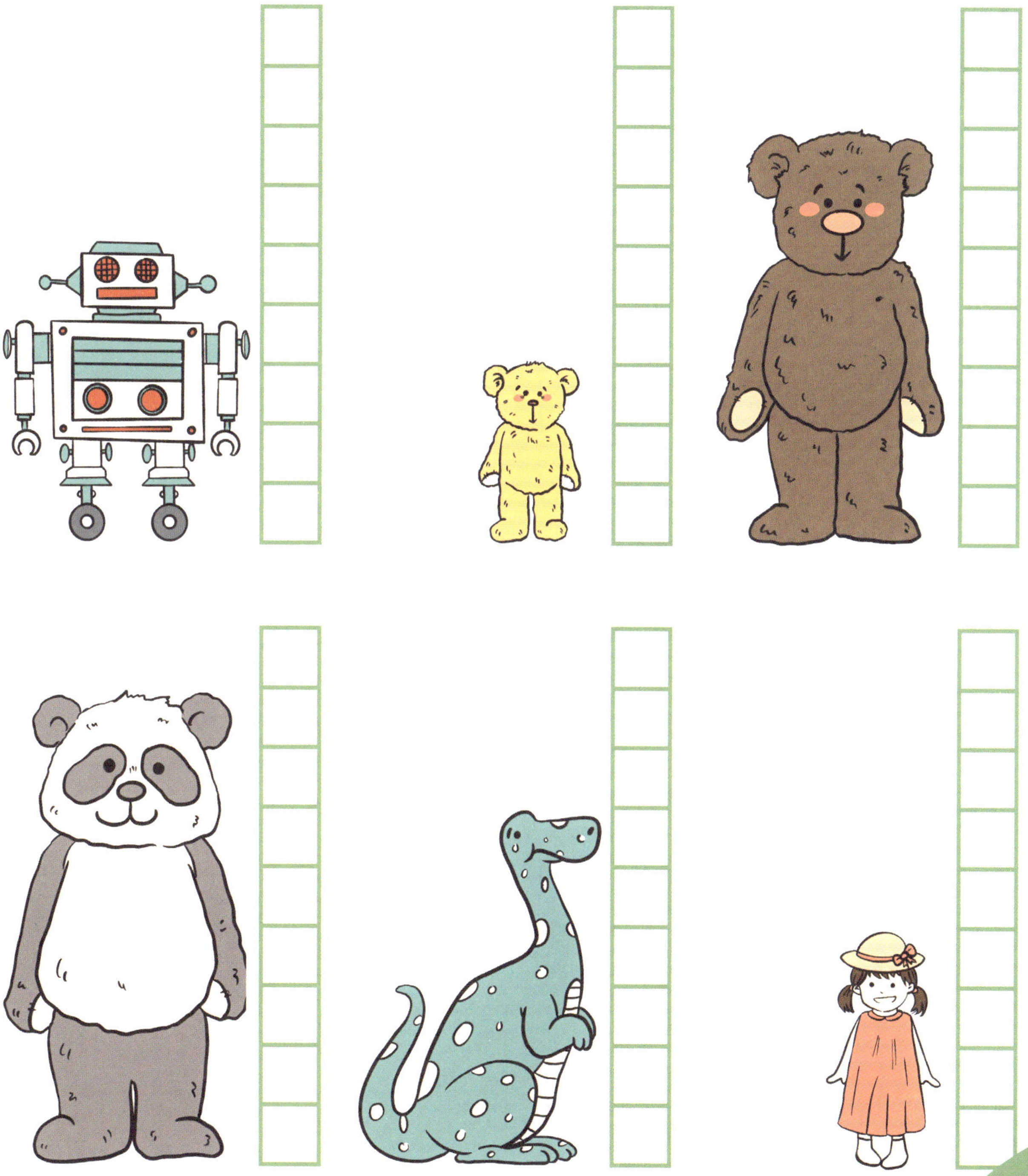

想一想，多少只瓢虫排起来会和树叶一样长？把数字写在方框中。

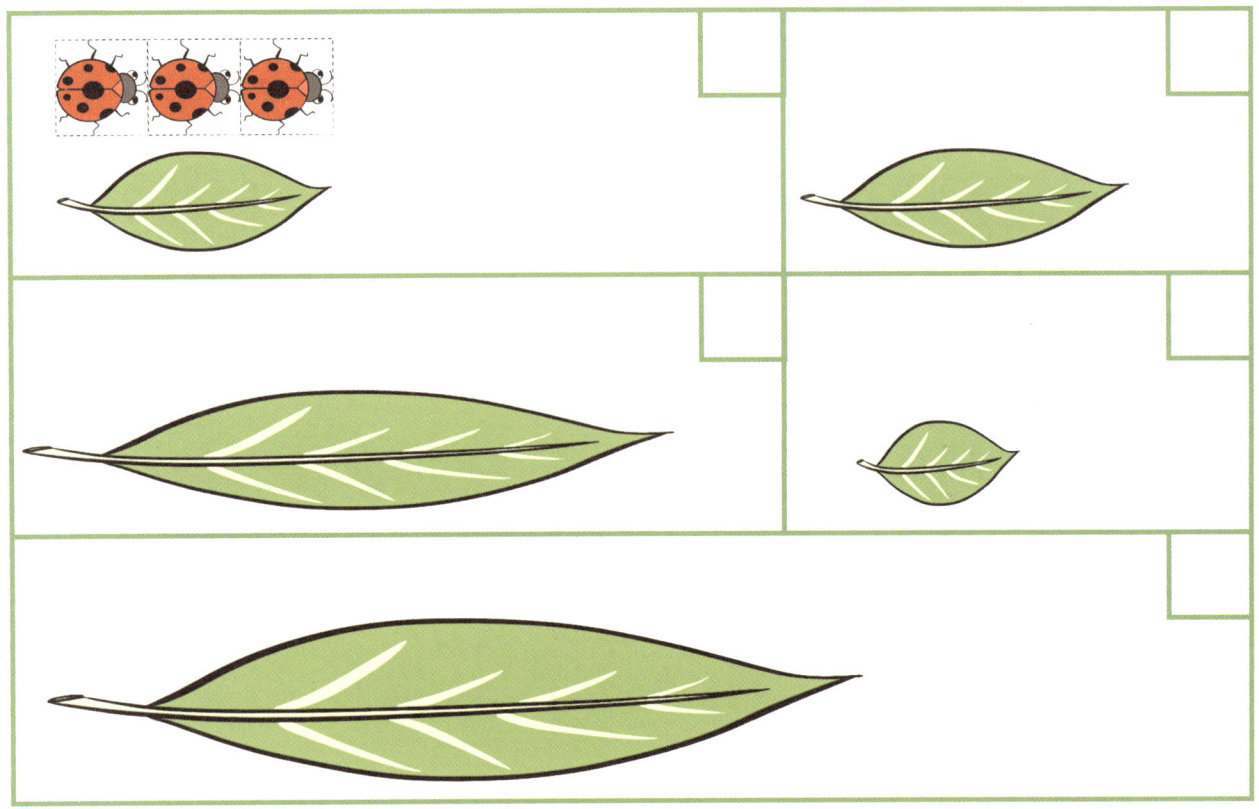

仔细观察，有的叶子被遮住了，被遮住的叶子有几片？用相同数量的圆圈表示。

拓展十二

数一数

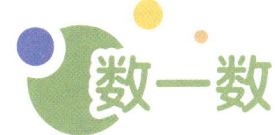

每样物品占了几格？把数字写在圆圈中。

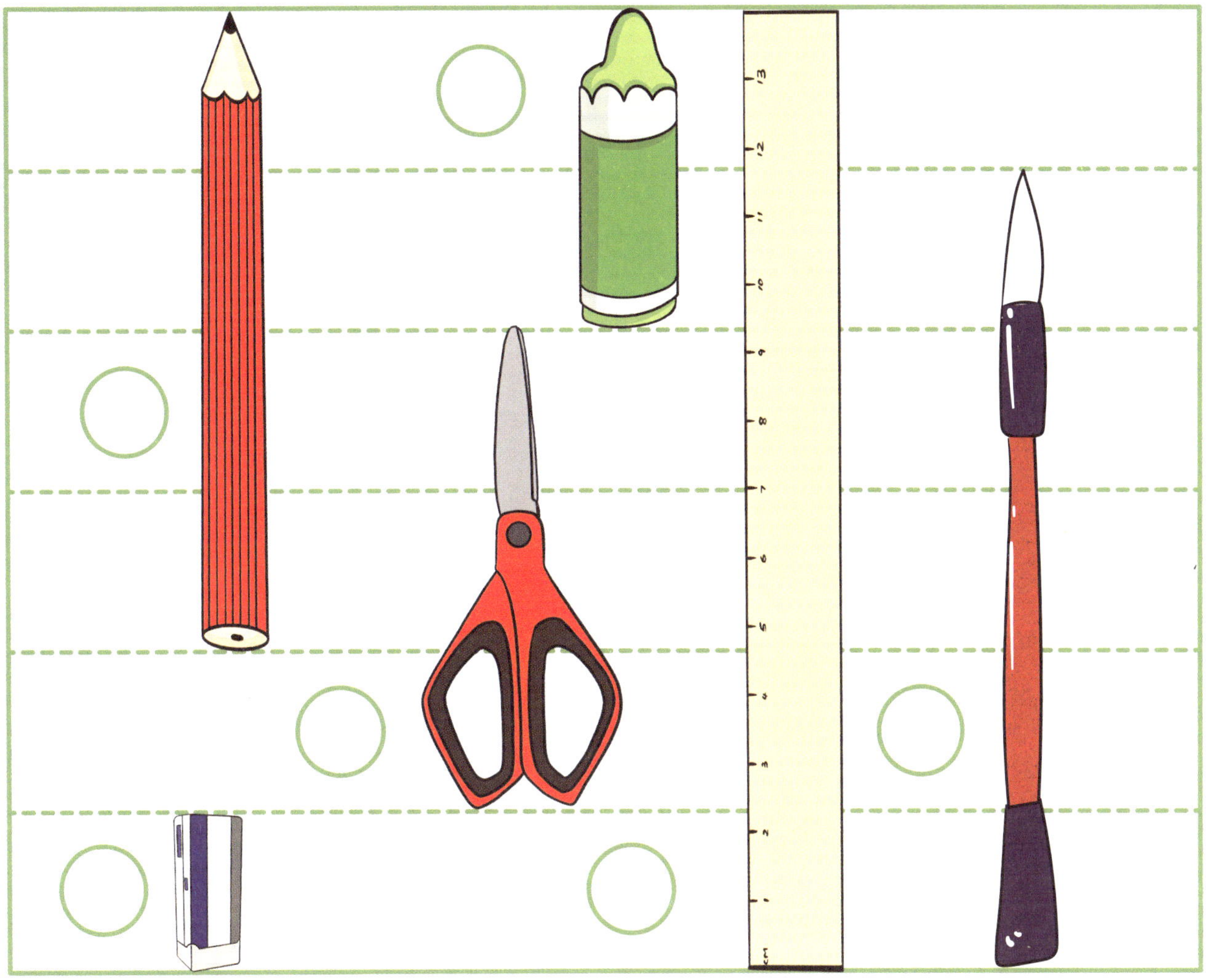

评价表

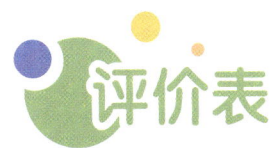

	你真棒	有进步	要加油
认知掌握			
乐于表达			
主动思考			
独立完成			

第十三周

找出一样多的火柴，在一样多的火柴下方的方框中打"√"。

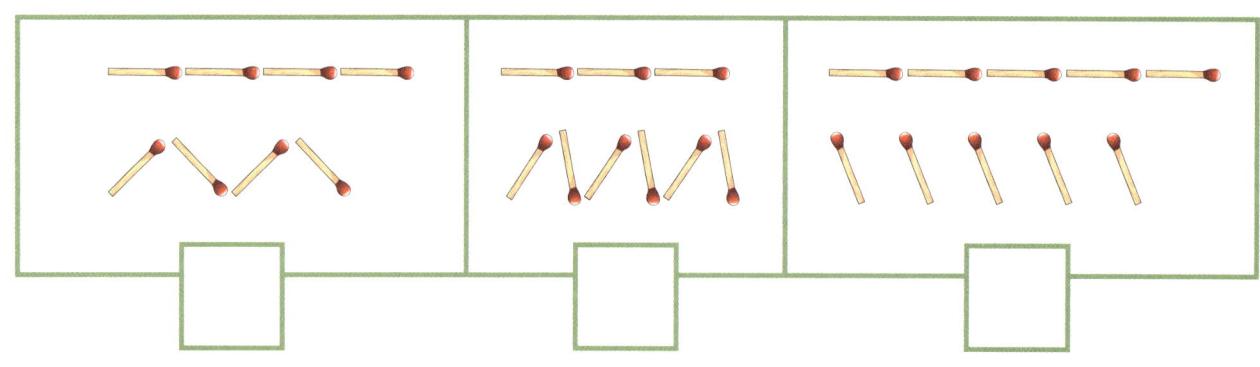

每组中的项链是否一样长？在一样长的那组项链后面的方框中打"√"。

找出面积不一样大的图形，把它圈出来。

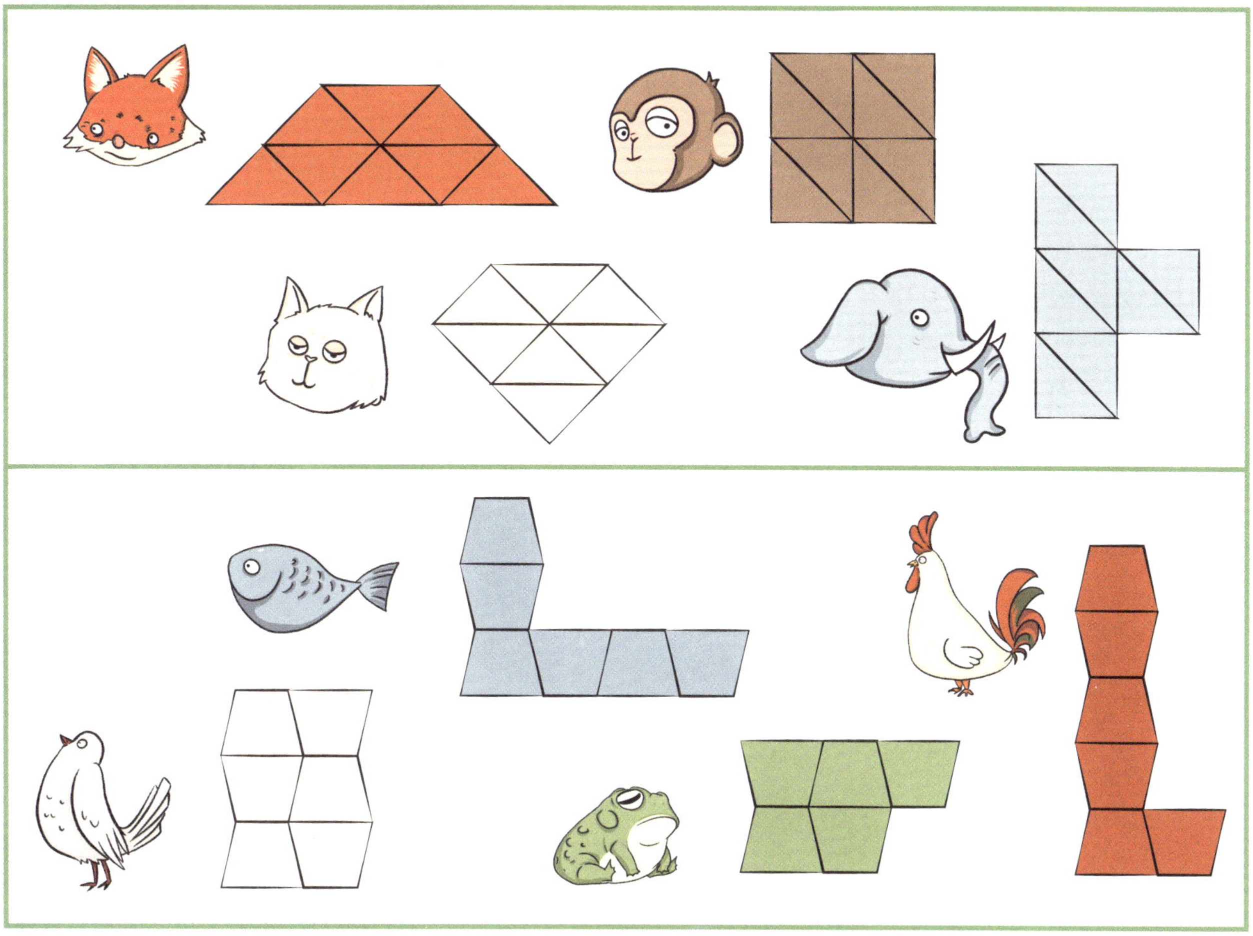

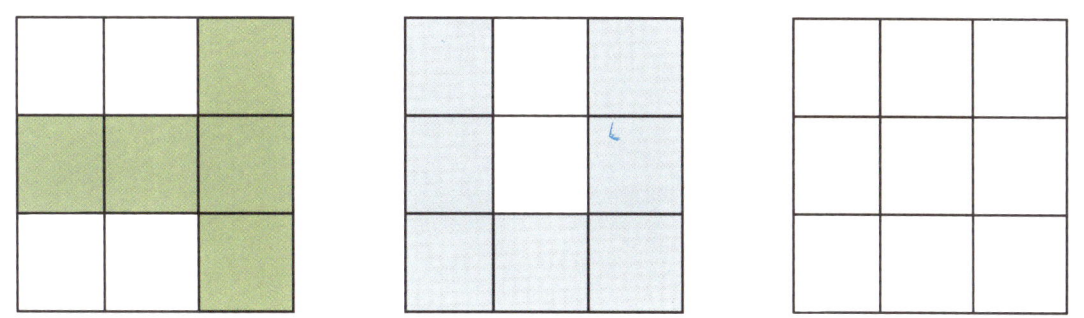

下面哪个色块的面积最大？请圈起来。

将下面的4块木板按从厚到薄的顺序编号。

观察各杯子里的水量,将5只玻璃杯里的盛水量按从多到少的顺序编号。

将下面的4块木板按从轻到重的顺序编号。

	你真棒	有进步	要加油
认知掌握			
乐于表达			
主动思考			
独立完成			

第十四周

 想一想

方框中应填什么？并把对应的图形用"○"圈出来。

仔细观察，方框中应填什么？并把它用"○"圈出来。

拓展十四

○ 按规律，空白处应填什么？选一选，填一填。

根据排列方法，按规律继续画一画。

○	×	○	×	○	×		

○	×	×	○	×	×		

○	×	△	○	×	△		

×	○	×	×	○	×		

	你真棒	有进步	要加油
认知掌握			
乐于表达			
主动思考			
独立完成			

第十五周

想一想，这些小动物是怎样排列的？"？"中应该是什么小动物？
（用线段连一连）

每只小动物都用一个符号表示，学着画一画，再想一想，其中有什么规律？接着往下画。

填一填

根据左面的图形，把右面图形空格中的动物找出来，并把相应的符号填在动物头像的表格中。

图书在版编目（CIP）数据

STEM+活动设计与体验. 入门进阶1 / 沈文捷主编
. — 上海：上海教育出版社，2022.2
ISBN 978-7-5720-1340-9

Ⅰ.①S… Ⅱ.①沈… Ⅲ.①科学知识 – 教学研究 – 学前教育 Ⅳ.①G613.3

中国版本图书馆CIP数据核字(2022)第033314号

策　　划　徐建飞工作室
责任编辑　徐建飞
封面设计　金一哲

STEM+活动设计与体验（入门进阶1）
沈文捷　主编

出版发行	上海教育出版社有限公司
官　　网	www.seph.com.cn
地　　址	上海市闵行区号景路159弄C座
邮　　编	201101
印　　刷	上海昌鑫龙印务有限公司
开　　本	890×1240　1/16　印张 6
字　　数	120 千字
版　　次	2022年3月第1版
印　　次	2022年3月第1次印刷
书　　号	ISBN 978-7-5720-1340-9/G·1049
定　　价	60.00元（共两册）

如发现质量问题，读者可向本社调换　电话：021-64373213